FRAGMENTS DE LA
PÉRIODE DE BERNE

BIBLIOTHÈQUE DES TEXTES PHILOSOPHIQUES
Directeur : HENRI GOUHIER

G. W. F. HEGEL

FRAGMENTS DE LA PÉRIODE DE BERNE
(1793 – 1796)

Introduction par
Robert LEGROS

Traduction par
Robert LEGROS et Fabienne VERSTRAETEN

PARIS
LIBRAIRIE PHILOSOPHIQUE J. VRIN
6, Place de la Sorbonne, V°

1987

© *Librairie Philosophique J. VRIN*, 1987
Printed in France
ISBN 2-7116-0948-0

HEGEL A BERNE

Après des études secondaires au Gymnase de Stuttgart, sa ville natale, Hegel est admis, en 1788 – il vient d'avoir dix-huit ans –, au grand Séminaire de théologie protestante du duché de Wurtemberg, le célèbre *Stift* de Tübingen. Il peut ainsi, en tant qu'interne, poursuivre des études aux frais de l'Etat, comme Hölderlin, inscrit dans la même classe que lui. Il obtient « la maîtrise en philosophie » en 1790, et le titre de *magister* en septembre 1793, après un examen de théologie passé devant le Consistoire de Stuttgart. Dès sa sortie du *Stift*, il est en principe obligé, en vertu d'un engagement qu'il a contracté comme boursier, de commencer une carrière dans l'Eglise. L'obligation, toutefois, peut être suspendue par le Consistoire. Condition requise : être engagé comme précepteur. Hölderlin trouve un poste au château de Waltershausen, en Saxe, chez le major von Kalb, et Hegel à Berne, chez le capitaine von Steiger : ils échappent au pastorat. Tous les textes dont nous présentons la première traduction française remontent à cette période où Hegel, durant trois années, est précepteur dans une famille patricienne bernoise.

*

* *

Sur la vie quotidienne de Hegel au cours de ces trois années passées à Berne et, les mois d'été, dans le domaine campagnard de la famille von Steiger à Tschugg (sur la colline de Jolimont, entre le lac de Neuchâtel et le lac de Bienne), nous savons fort peu de choses [1]. Presque rien des conditions qui lui étaient faites, de l'enseignement qu'il transmettait, des relations qu'il a pu nouer. Deux anecdotes nous sont cependant parvenues, qui méritent d'être signalées.

On sait par Rosenkranz que Hegel fréquentait à Berne la famille d'un certain Valentin Sonnenschein, un artiste avec lequel il s'était lié d'amitié. Il y était régulièrement accueilli le soir : on y jouait aux cartes, au piano, et

---

[1] Cf. Han STRAHM, « Aus Hegel's Berner Zeit », *Archiv für Geschichte der Philosophie,* 41, 1932, pp. 513-533.

on y chantait en chœur [2]. En novembre 1797, Sonnenschein écrit à Hegel, qui est alors précepteur à Francfort : «..." Joie, belle étoile divine " : nous chantons souvent cela en pensant à vous » [3]. Si la famille de Sonnenschein chante souvent ces paroles en l'honneur et en souvenir de Hegel, c'est bien sûr parce qu'elle les chantait souvent avec lui. « Joie, belle étoile divine », *Freude, schöner Götterfunken :* au cours de son séjour à Berne, il arrivait à Hegel de chanter avec des amis l'*Ode à la Joie* de Schiller (déjà mise en musique une trentaine d'années avant d'être célébrée et glorifiée dans le final de la Neuvième [4]).

Deuxième anecdote : pendant la dernière semaine du mois de Juillet 1796, du lundi 24 au dimanche 31, Hegel, accompagné de trois amis saxons, également précepteurs, fait une randonnée en haute montagne, dans les Alpes bernoises. Randonnée peu banale [5] : d'Interlaken (où il est arrivé après avoir traversé en bateau le lac de Thoune) au lac des Quatre Cantons (où il rejoint Lucerne par bateau) en passant par Lauterbrunnen [6], la petite Scheidegg, Grindelwald, Meiringen [7], Guttannen, le Grimsel, le glacier du Rhône, la Furka, Andermatt, Altdorf : de 20 à 35 km par jour en montagne ! A une époque où la haute montagne n'est fréquentée que par des bergers [8], en quelques passages par des marchands [9], à une époque où

---

[2] Cf. ROSENKRANZ, *G.W.F. Hegels Leben*, Berlin, 1844, p. 43 (Désormais cité : ROSENKRANZ).

[3] Cf. HEGEL, *Correspondance*, I, 1785-1812, trad. Jean CARRERE, Gallimard, 1962, p. 58 (Désormais cité : *Correspondance*).

[4] Faut-il y voir un des indices de l'appartenance de Hegel à la Maçonnerie, comme le suggère Jacques d'HONDT ? L'*Ode à la Joie,* composée à la demande d'un maçon pour être récitée dans les Loges, mise en musique par des maçons (d'abord en 1791, par Schulz, puis en 1793, par F.Zelter, enfin en 1824) est en effet un hymne à la fraternité (cf. Jacques d'Hondt, *Hegel secret,* P.U.F., 1968, p. 241). Jacques d'HONDT a mis en évidence d'autres indices, qui se renforcent mutuellement. Il est vrai aussi que dans un fragment de 1794, « Le Christ avait douze apôtres », Hegel rend hommage aux socratiques de n'avoir jamais formé une « corporation avec un signe distinctif, comme chez les maçons le marteau et la truelle ». Ci-dessous, fragment 4.

[5] Hegel a tenu un journal de voyage, aujourd'hui perdu mais publié par ROSENKRANZ (pp. 470-490), qui permet de reconstituer son périple à travers l'un des plus beaux massifs alpins. Traduction française de ce *Journal,* à paraître chez Jérôme Millon en 1988.

[6] D'où il va admirer l'impressionnante chute du Staubbach.

[7] Hegel y est très impressionné par les chutes de Reichenbach.

[8] Hegel y a aussi rencontré une famille qui cueille les racines de gentiane pour en faire de l'eau de gentiane. « Cette famille, note-t-il, vit ici en été à l'écart le plus complet des hommes ; elle a construit sa distillerie sous des blocs de granit que la nature a accumulés sans finalité et qui forment une tour ».

[9] Au col du Grimsel (2.165 m.), qui depuis le XIIIème siècle est un lieu de passage important entre le Nord et le Sud de l'Europe, Hegel rencontre des colonnes de bêtes de somme. « Nous avons rencontré un grand nombre de ces animaux conduits par leurs

personne ne s'y risque pour le plaisir de la promenade sinon quelques curieux [10] ou quelques aventuriers, à une époque où les plus hauts sommets sont encore inviolés, le jeune Hegel part sur les flancs de la Jungfrau, va contempler les cascades, traverse des névés, monte sur des glaciers, va interroger un vacher sur la manière dont on fait du fromage [11] et fait l'épreuve des paysages les plus sauvages [12].

Au retour de son voyage, Hegel s'installe à Tschugg. Il préfère du reste les larges perspectives sur le lac de Bienne aux vues coupées par les montagnes : « pour un habitant des plaines, notait-il dans son *Journal de voyage dans les Alpes bernoises,* l'étroitesse des vallées, où les montagnes dérobent toute perspective, a quelque chose d'étouffant, d'angoissant. Il aspire toujours à un paysage plus vaste, plus étendu, alors que son regard se heurte sans cesse aux rochers » [13]. Rentré depuis quelques jours à Tschugg, un soir, contemplant la nuit tombée sur les collines et percevant au loin la ligne brillante du lac de Bienne, Hegel compose un poème qu'il dédie et envoie à son ami Hölderlin [14]. Précepteur à Francfort chez les Gontard depuis le début de l'année, celui-ci y cherchait activement un poste de précepteur pour Hegel. Au début de l'été, il lui avait écrit « à propos d'une

guides italiens ou valaisans. Ils portaient du riz, du vin et du vinaigre de vin, et au retour ils transportaient les fromages ».

[10] Ainsi Meiners (auteur de quelques ouvrages d'histoire et de philosophie), qui a raconté sa randonnée dans les Alpes dans ses *Voyages en Suisse,* que le jeune Hegel avait lus avec grand plaisir quand il était élève au Gymnasium de Stuttgart. Retrouver les sites décrits par Meiners est sans doute l'un des motifs qui poussa Hegel à entreprendre ce voyage.

[11] ROSENKRANZ, p. 477.

[12] C'est entre Guttannen et le lac de Grimsel qu'il rencontre la nature la plus sauvage et la plus sévère : « Des deux côtés, ce ne sont plus que pierres nues et tristes. De temps à autre on aperçoit des sommets couverts de neige. Le sol plus égal forme parfois une vallée et est encombré d'énormes blocs de granit. L'Aare présente quelques grandioses chutes d'eau qui s'effondrent avec une force effrayante. Au-dessus d'une de ces chutes on a tendu un pont impressionnant, et on y est aspergé de gouttelettes. On voit ici de tout près la course puissante des flots jetés sur les rochers ; ceux-ci ressortent et on ne comprend pas comment ils peuvent résister à cette rage. Nulle part ne nous est offert un concept aussi pur de la nécessité naturelle (vom Müssen der Natur) qu'à la vue de cette course des flots jetés sur les rochers ; course éternellement continue et en l'absence continuelle de tout agir ».

[13] ROSENKRANZ, p. 472. Cf.p. 489 : Hegel, de retour sur le bateau qui le conduit à Lucerne, se réjouit de revoir des collines plus douces, après n'avoir vu que des montagnes, en partie sublimes, en partie grises et tristes.

[14] Le poème, intitulé *Eleusis,* fut publié en 1843 par ROSENKRANZ ; le manuscrit fut retrouvé par HAERING en 1929 dans la bibliothèque de l'Université de Tübingen. Traduction française in *Correspondance,* I. pp. 40-43 ; trad. et commentaire in J. d'Hondt, *Hegel secret,* op.cit., pp. 227-281.

place extrêmement avantageuse » [15]. Hegel donnera son accord en
automne, mais ne pourra quitter Berne avant la fin de l'année [16].

*

* *

Les textes rédigés à Berne entre 1793 et 1796, Hegel ne les a jamais
publiés – le premier ouvrage imprimé qui porte son nom date de 1801 [17] –
mais il y attachait une certaine importance puisqu'il les a soigneusement
conservés toute sa vie. Edités pour la première fois par Nohl, à partir d'une
liasse de manuscrits conservés à la Bibliothèque royale de Berlin [18], ils se
présentent comme une suite de fragments ou d'ébauches. Parmi les écrits de
jeunesse, seul l'essai sur la *Vie de Jésus,* rédigé entre mai et juillet 1795,
forme une étude achevée qui nous soit parvenue complètement [19].

En dehors de cette étude, d'un essai qui formait pour Nohl le texte
originaire de recherches qu'il avait intitulées la *Positivité de la religion
chrétienne* [20], de quelques notes ou copies [21] et de son *Journal de voyage*

---

[15] *Correspondance,* I.p. 43.

[16] *Ibid.* ,p. 46.

[17] Hegel avait déjà fait paraître une traduction, du français en allemand, mais sous
une forme anonyme : *Lettres confidentielles sur les rapports politiques et juridiques du
pays de Vaud avec la ville de Berne* (Francfort, 1798). Il s'agit d'une traduction de lettres
de l'avocat Jean-Jacques Cart, parues à Paris en 1793. A travers cette publication, Hegel
entendait dénoncer les exactions commises par le patriciat bernois à l'égard du pays de
Vaud.

[18] H.NOHL, *Hegels theologische Jugendschriften,* Tübingen, 1907 (désormais
cité : NOHL). Le texte *Discussion sur les miracles* avait déjà été publié par
ROSENKRANZ (pp. 510-512).

[19] NOHL, pp. 75-136. Trad. et intr., par D.D.ROSCA, Paris, 1928. Réédition aux
Editions d'Aujourd'hui (coll. « Les introuvables »), Paris, 1976.

[20] Sous ce titre, NOHL rangeait un « texte originaire » (pp. 152-213), une nouvelle
version du début de ce texte (pp.139-151) et trois « compléments » (pp. 214-331). Le
« texte originaire » fut rédigé en grande partie avant novembre 1795, repris et achevé à
partir de la fin du mois d'avril 1796. Reprenant à nouveau son manuscrit le 24 septembre
1800, Hegel y rédigea dans la marge une « nouvelle version » du début. Une traduction
du « texte originaire » et de la « nouvelle version » du début a été publiée aux P.U.F.
(1983) sous la direction de G. PLANTY-BONJOUR (Trad. désormais citée : *La
Positivité.*)

[21] Ainsi les *Materialen zur Psychologie und Logik* (Matériaux pour une
philosophie de l'Esprit subjectif). Titre attribué par Hoffmeister à des notes de Hegel
qu'il fait paraître en 1931, puis en 1936 dans ses *Dokumente zu Hegels Entwicklung*
(Stuttgart, Fr. Fromman, pp. 195-217). Dieter Henrich a pu montrer que la partie
centrale de ces notes est faite de copies. Il s'agit d'extraits d'un cours de Flatt, l'un des
maîtres de Hegel à Tübingen (cf. Otto PÖGGELER, « Qu'est-ce que la Phénoménologie
de l'Esprit ? », in *Etudes hégéliennes,* Vrin, coll. Vrin-reprise, p.215). Parmi les
théologiens du *Stift* de Tübingen, J.F.FLATT (1759-1821) était, ainsi que G.Ch.

dans les Alpes bernoises [22], les écrits de Berne se composent de fragments que l'on peut répartir selon un critère chronologique [23] en trois groupes :

I. Fragments de 1793-1794.
II. Fragments de 1795.
III. Trois « compléments » à l'essai sur la Positivité (1795-1796).

Hegel n'a pas donné de titres à ces différents textes qui nous sont parvenus de manière fragmentaire [24]. Afin de ne pas imposer une orientation particulière, et par souci de simplification, tous les titres que j'ai attribués aux fragments sont formés à partir des premiers mots du texte allemand [25]. Voici la liste de ces titres. En première colonne, est indiquée la numérotation établie par Gisela Schüler. J'indique entre parenthèses la pagination de l'édition Nohl, et la pagination correspondante dans l'édition Suhrkamp [26], sous l'abréviation Fr. Schr.

I. Fragments de 1793-1794.

37 1   On enseigne à nos enfants (Nohl 359 ; Fr. Schr. 45)
37 2   On ne peut nier (Nohl 359-60 ; Fr. Schr. 45-47)
38 3   En dehors de l'enseignement oral (Nohl 30-32 ; Fr. Schr. 47-50)
38 4   Le Christ avait douze apôtres (Nohl 32-35 ; Fr. Schr. 50-54)
39 5   Les Constitutions des Etats et l'esprit enfantin d'origine   (Nohl 36-39 ; Fr. Schr. 54-58)
40 6   La religion objective et les institutions de l'Etat (Nohl 39-42 ; Fr. Schr. 59-62)

STORR (1746-1805), un adversaire de la compréhension kantienne de la religion (cf. mon *Introduction* à la traduction française du livre de G. LUKACS, *Le jeune Hegel*, Gallimard, 1981, pp. 11-13). Cf. ci-dessous note 67.

[22] ROSENKRANZ, pp. 470-490.

[23] Une chronologie des écrits de jeunesse de Hegel, fondée notamment sur l'analyse de l'évolution de l'écriture, a été proposée par Gisela SCHÜLER (« Zur Chronologie von Hegels Jugendschriften », *Hegel-Studien*, vol.2, Bonn, 1963, pp. 111-159).

[24] Seul le titre du fragment 9 est de Hegel

[25] Il se fait que pour les fragments de 1795 et de 1796, les premiers mots forment un titre adéquat.

[26] G.W.F. HEGEL, *Werke in zwanzig Bänden, 1, Frühe Schriften*, Francfort, 1971.

41 7   Une violence publique qui pénètre le lieu sacré (Nohl 42-44 ;
         Fr. Schr. 62-66)

41 8   Ainsi dans un Etat où les volontaires assument la défense de la
         Patrie (Nohl 44-45 ; Fr. Schr. 66-67)

41 9   Sur la différence dans les représentations des scènes de la mort
         (Nohl 45-47 ; Fr. Schr. 67-69)

42 10   Par religion objective, j'entends un système (Nohl 48-50 ;   Fr.
         Schr. 70-72)

44 11   Ce serait une tâche bien difficile que d'ériger un système (Nohl
         50-60 ; Fr. Schr. 72-87)

45 12   Maintenant la foule a besoin d'autres soutiens (Nohl 70-71 ;
         Fr. Schr. 99-101)

46 13   Lorsqu'on écrit au sujet de la religion chrétienne (Nohl 60- 69 ;
         Fr. Schr. 87-99)

II. Fragments de 1795.

47 14   Sur l'idée transcendante de Dieu (Nohl 361-362 ; Fr. Schr.
         101-103)

51 15   Dans une République, on vit pour une idée (Nohl 366 ; Fr.
         Schr. 207)

III. Les trois « compléments » (1795-1796).

54 16   Une foi positive est un système de principes (Nohl 233-239 ;
         Fr.Schr. 190-196)

59 17   Discussion sur les miracles (Rosenkranz 510-512 ; Fr. Schr.
         215-217)

55 18   Chaque peuple eut ses propres objets de l'imagination (Nohl
         214-231 ; Fr. Schr. 197-215)

I. Les fragments de 1793-1794. Ces fragments reprennent et
approfondissent les tendances ouvertes par le *Fragment de Tübingen* [27].
C'est la raison pour laquelle Nohl les a groupés à la suite de ce fragment,
rassemblant cet ensemble sous un même titre : *Religion populaire et
Christianisme* [28]. Il distinguait, au sein de cet ensemble, cinq fragments : le

[27] J'ai proposé une traduction française de ce fragment en appendice de mon livre
sur *Le jeune Hegel*, Ousia, 1980, pp. 260-308.

[28] NOHL, pp. 3-71. Le texte qui forme nos fragments 1 et 2 (SCHÜLER n°37) est
toutefois reporté par NOHL en appendice (pp. 359-360). Même titre proposé par les
éditions Suhrkamp pour ces fragments rédigés entre 1792 et la fin de l'année 1794.

Fragment de Tübingen et quatre fragments distincts, développant cependant une démarche continue ou tout au moins une même problématique. A vrai dire, comme Gisela Schüler l'a justement montré, ces quatre derniers fragments en forment au moins huit ; on peut même en distinguer onze si, faisant abstraction de la continuité du contenu, l'on tient compte de toutes les ruptures repérables selon des critères externes, formels ou « objectifs » [29]. A ces onze fragments s'ajoute le texte publié par Nohl en appendice (pp. 359-360), et qui peut être traité comme un seul fragment (c'est le fragment 37 dans la classification de G. Schüler) puisque le manuscrit se présente sous la forme d'une double page, ou comme deux fragments puisqu'on peut y déceler une rupture manifeste au niveau formel : l'analyse de l'écriture montre que les onze premières lignes datent de la période de Tübingen, et que la suite forme un texte indépendant rédigé au cours de la période bernoise, vraisemblablement au début de celle-ci [30]. Préférant indiquer au lecteur toutes les solutions de continuité que peut révéler une analyse formelle des manuscrits, j'ai donc distingué treize fragments [31] entre le *Fragment de Tübingen* et la fin de l'année 1794 [32].

*
* *

Que tous ces fragments soient animés par une critique qui s'en prend à certains traits du christianisme, on ne peut le nier. Mais il est malaisé de cerner l'idéal au nom duquel est menée cette critique ; ou plutôt, comme dans le *Fragment de Tübingen*, deux idéaux distincts s'entrecroisent au sein de la démarche ; deux idéaux distincts et même apparemment opposés l'un à l'autre sous-tendent la critique sans que Hegel en vienne à renoncer à l'un au profit de l'autre. Toute sa démarche est animée par le souci d'associer et de concilier ces deux idéaux divergents - ces deux idéaux dont il se refuse à reconnaître explicitement la divergence.

Tantôt, en effet, la critique du christianisme est dans la ligne de l'*Aufklärung :* elle s'énonce alors au nom d'une religion morale, ou d'une raison pratique, et s'en prend au dogmatisme de l'orthodoxie, à l'alliance du

[29] On peut en effet distinguer deux fragments dans le manuscrit Schüler n°38 (NOHL 30-35) en raison d'une rupture mise en évidence par G.SCHÜLER (art. cité, pp. 139-140), et trois fragments dans le manuscrit Schüler n°41 (NOHL 42-47).

[30] Cf. G. SCHÜLER, art. cité, p. 139 ; NOHL, p. 359.

[31] Si l'on voulait tenir compte des notes et extraits, il faudrait encore mentionner *Hoffmeister (op. cit.)* pp. 172-174 et pp. 195-217.

[32] Je rejoins ainsi la classification chronologique proposée par H.S. HARRIS in : *Le développement de Hegel. I. Vers le soleil 1780-1801*, L'Age d'Homme (coll. « Raison dialectique »), pp. 499-505 ; p. 500.

raison pratique, et s'en prend au dogmatisme de l'orthodoxie, à l'alliance du christianisme et du despotisme, à la superstition (aux « signes extérieurs ») ; critique du christianisme, mais qui en appelle à la religion de Jésus : par opposition au judaïsme, resté enfermé dans un formalisme qui favorise la superstition et les rites, et en opposition au christianisme officiel, Jésus représente l'idéal d'une religion morale, ou d'une religion fondée sur la raison pratique. Et tantôt cependant la critique du christianisme est inspirée par l'idéal d'une religion populaire. Idéal dont le modèle n'est plus incarné par la religion de Jésus mais par la religion grecque, ou, plus généralement, la religion d'un peuple qui forme encore une totalité vivante. Tantôt c'est l'inadéquation de la religion chrétienne aux exigences de la raison ou de la moralité qui est dénoncée; tantôt son incapacité à donner vie à un esprit national ou à l'imagination d'un peuple. Tantôt la religion chrétienne est accusée de faire naître ou de favoriser des croyances *étrangères aux exigences de la raison pratique,* et dès lors de trahir l'essence même de la religion car, prétend Hegel, « la connaisance de Dieu trouve son origine dans la nature morale de l'homme, dans le besoin pratique, et elle est elle-même l'origine de la moralité » (frag. 10). Mais tantôt la religion chrétienne est accusée d'imposer des croyances *étrangères à la tradition nationale,* et dès lors d'étouffer l'imagination populaire : « elle n'est pas née sur notre sol, écrit-il, et on ne pourra jamais s'y adapter » (frag. 10). Mais que des croyances soient étrangères à la raison pratique ou étrangères à la tradition nationale, un seul et même terme désigne ce caractère d'être étranger, et de s'imposer dès lors en extériorité : la *positivité.* Est positif aussi bien l'élément qui n'est pas en accord avec les principes de la raison, que l'élément qui n'est pas en accord avec le tout vivant au sein duquel il subsiste.

Il n'est pas douteux cependant que la critique de la positivité soit écartelée entre deux voies divergentes selon qu'elle s'en prenne à des éléments incompatibles avec une raison universelle (soit l'entendement, soit la raison pratique) ou qu'elle s'en prenne à des éléments qui ne participent pas à la vie de la totalité formée par un peuple. La première voie conduit à dénoncer les habitudes et les rites, la superstition et les traditions, les coutumes et les débordements de l'imagination, et à en appeler à des principes universels et à l'idée d'autonomie individuelle. En revanche, la seconde voie pousse à exalter la « simplicité des mœurs », cette simplicité qui règne « quand tout est encore aussi sacré pour les princes et pour les prêtres que pour le peuple tout entier » (frag. 5) ; elle incite aussi à glorifier le républicain qui est « animé par l'esprit de son peuple » (frag. 12) et à vanter l'imagination populaire dans ce qu'elle a de « vivant » – telle l'imagination des bacchantes grecques quand « elles s'adonnaient aux éclats les plus sauvages d'une ivresse déréglée » (frag. 11).

D'un côté une tendance apparemment animée par un idéal rationnel, par l'idéal d'une religion qui, fondée sur les exigences de la raison pratique, soit émancipée du dogmatisme et des rites, de la superstition et des « signes extérieurs » ; d'un autre côté une tendance animée par l'idéal d'un tout vivant, par l'idéal d'une religion qui, fondée sur l'esprit d'un peuple, soit émancipée des principes abstraits de la « froide raison ». Que ces deux tendances soient divergentes, tirent la démarche du jeune Hegel en des sens opposés, c'est ce que révèle la manière dont il présente l'enseignement de Jésus d'une part, la « simplicité des mœurs » de l'autre.

En tant que la religion a pour finalité « la satisfaction des tâches de notre raison pratique eu égard au but final qu'elle nous a imposé, le bien suprême » (frag. 13), la religion que Jésus a voulu exprimer représente l'accomplissement de la religion. Non seulement parce que l'enseignement visé par Jésus porte sur la réalisation de la moralité plutôt que sur la nécessité d'effectuer certains gestes ou certains rites, mais aussi parce que Jésus exprime de manière vivante l'idéal moral : il représente, souligne le jeune Hegel, un idéal moral *pur* (puisqu'il est divin), et cependant *incarné* (puisqu'il est homme) ; il offre ainsi un modèle qui favorise et inspire l'accomplissement de la moralité (frag. 11) et réalise dès lors les exigences essentielles de la religion. Mais en tant que la religion a pour finalité non pas de favoriser la moralité mais d'animer l'imagination d'un peuple, de donner vie à sa sensibilité et d'exprimer son esprit, la religion de Jésus porte en elle le ferment de la positivité : l'individualisme. Thème développé dès la fin de l'année 1793, et qui sera au cœur de l'essai de Berne sur la *Positivité de la religion chrétienne* et de l'essai de Francfort connu depuis Nohl sous le titre de *L'Esprit du Christianisme et son destin :* l'enseignement de Jésus « ne visait que la formation et la perfection de l'individu : impossible de l'étendre à toute une société » (frag. 2) [33]. En tant qu'il vise l'accomplissement de la moralité, l'enseignement de Jésus représente aux yeux de Hegel tantôt une doctrine qui tente d'exprimer la religion accomplie (même si elle porte en elle des germes de la positivité dans la mesure où elle n'est pas toujours adéquate à son intention essentielle), et tantôt une doctrine qui détourne de la religion véritable.

Même ambiguïté dans le jugement que porte Hegel à l'égard des peuples qui connaissent le règne de la « simplicité des mœurs ». D'un côté, ils ignorent « la grande inégalité des classes » (*Ungleicheit der Stände*) car leurs légendes « sont en une égale mesure la propriété de chacun » (frag. 13) ; « tout est encore aussi sacré pour les princes et pour les prêtres que pour le peuple tout entier » (frag. 5), et celui-ci constitue un Tout, « une communauté qui se présente unanime – au sens propre – devant les autels de ses dieux » (*ibid.*) ; de tels peuples ne connaissent pas l'oppression. Mais, d'un autre côté, ils sont imprégnés d'un « esprit enfantin » qui est à l'origine de pratiques que « la raison trouve bien

---

[33] Cf. Frag. 6 : « Il ressort de ce qui précède que les doctrines de Jésus, ses principes ne convenaient et n'étaient destinés qu'à la formation des individus ».

souvent bizarres, ridicules et méprisables » (*ibid.*), tels les sacrifices, les prières, l'expiation.

Certes le jeune Hegel semble quelquefois trancher : opter en faveur d'un respect des exigences de la raison pratique plutôt qu'en faveur d'un respect de la tradition ou des coutumes, ou au contraire, semble dénoncer la raison au nom de « la simplicité des mœurs » . Ainsi écrit-il : « avec les progrès de la raison, se perdent continuellement bien des sentiments (…) et il est juste que nous regrettions leur perte » (frag. 5). Mais s'il met en lumière une incompatibilité qui peut naître entre le règne de la « simplicité des mœurs » et celui de la raison, il ne reconnaît nullement, en revanche, qu'une incompatibilité soit irréductible entre la religion populaire et les exigences de la raison pratique : une religion populaire peut s'affranchir, suggère-t-il, de « l'esprit enfantin » qui favorise la superstition et certaines pratiques que la raison réprouve, et d'un autre côté, la raison peut s'émanciper des principes abstraits d'un entendement calculateur et s'incarner dans une « sensibilité morale ».

Cette union ou cette conciliation entre une religion morale et une religion populaire, entre la raison et la sensibilité, le jeune Hegel la cherche à travers la Cité grecque, et il en perçoit l'incarnation dans Socrate.

Que Socrate puisse représenter l'exigence d'autonomie individuelle, le jeune Hegel en voit l'indice dans le fait que ses élèves et amis ne sont pas devenus des disciples : il avait des amis, des élèves, « mais chacun demeurait pour soi ce qu'il était » (frag. 4). Contrairement aux prêtres et aux princes dans les communautés où règne encore la « simplicité des mœurs », il ne cherchait nullement à constituer avec ses amis un ensemble où « tous n'auraient formé qu'*un* seul esprit » (*ibid.*) . Il n'avait pas de disciples ou, si l'on veut, « chaque disciple était son propre maître » (*ibid.*). A cet égard Socrate a poussé plus loin que Jésus lui-même l'exigence d'autonomie. Ou plutôt, s'il est vrai que Jésus incita lui aussi à l'autonomie, il est vrai également, estime Hegel, que ses amis n'ont pas répondu à cette incitation, qu'il les capta par l'autorité de son enseignement, qu'ils se sont voulus des disciples, se rendant par là même infidèles à son enseignement. Quand le Christ leur disait « celui qui croit », ils ont entendu, remarque Hegel, « celui qui croit *en moi* » (*ibid.*). Les « disciples » de Socrate, en revanche, ne se sont pas voulus les membres d'un corps dont il eût été la tête : « nombreux sont ceux qui ont fondé leur Ecole » (*ibid.*). Mais s'il a exhorté ses amis à chercher l'autonomie, s'il les a incités par son questionnement à rester indépendants, Socrate a aussi visé à rester en accord avec l'Esprit de la Cité : « il conserva son état d'époux et de père », ne demanda à personne de « quitter sa maison et ses biens » ; quand il s'entretenait avec un homme, « il parlait des choses les plus familières à cet homme » ; et « il est mort en grec en sacrifiant un coq à Esculape » (*ibid.*). Et quand il parlait de l'immortalité de l'âme, il exprimait certes une exigence de la raison pratique, mais ne se limitait pas à l'énoncé de principes abstraits : il parlait, souligne Hegel, « comme un Grec parle à la raison et à l'imagination » (*ibid.*).

Telle fut, en effet, la Cité grecque aux yeux du jeune Hegel [34] qu'en même temps que s'y exprimait l'autonomie de chacun – « Socrate vivait dans une république où chaque citoyen s'entretenait avec les autres » (frag. 3) –, y régnait l'esprit d'un peuple : « animé par l'esprit de son peuple », le républicain libre « dépensait par devoir ses forces et sa vie pour sa patrie » (frag. 12). En même temps qu'y dominait un respect des principes de la raison pratique, s'y répandaient les attraits d'une imagination débordante.

Pénétré de cette image de la cité athénienne, et dès lors de la conviction que religion morale et religion populaire peuvent s'interpénétrer, le jeune Hegel s'attache à l'idée, déjà développée dans le *Fragment de Tübingen*, selon laquelle un peuple doit pouvoir « organiser son service religieux public de telle sorte que la sensibilité, l'imagination et le cœur soient touchés – sans que la raison en sorte vide » (frag. 5). Et il ne cesse de chercher dans cette conciliation du sensible et de la raison l'accomplissement de l'esprit ; un peuple incarne cet accomplissement s'il réalise cette conciliation : « si ses institutions nationales emplissent sa sensibilité, étonnent (frappent) son imagination, émeuvent son cœur, et satisfont sa raison, son esprit n'éprouvera aucun besoin » (*ibid.*).

Mais en quel sens la raison si elle est satisfaite par des institutions *nationales* qui emplissent la sensibilité d'*un* peuple. Ou en quel sens le sensible s'il est touché « sans que la raison en sorte vide » ?

II. Deux fragments de 1795. L'enseignement fondamental que Jésus a voulu transmettre et l'infidélité du christianisme à cet enseignement forment le thème central des écrits de l'année 1795, constitués principalement par l'essai sur la *Vie de Jésus,* écrit entre le 9 mai et le 24 juillet, et l'étude sur la *Positivité de la religion chrétienne,* commencée à la fin de l'été ou au début de l'automne. A travers l'enseignement fondamental que Jésus a voulu transmettre, le jeune Hegel fait ressortir une anticipation des principes de la philosophie pratique de Kant. Dans la mesure où la religion de Jésus est une religion de la moralité, elle accomplit, estime-t-il, l'essence même de la religion : préfigurant Kant, elle est l'expression de la religion accomplie. Mais le souci kantien de penser la religion à partir de la moralité n'élimine nullement, chez le jeune Hegel, l'attachement à une religion imprégnée de l'esprit d'un peuple. En témoignent, notamment, s'agissant des textes de 1795, les deux fragments ici traduits : l'un qui est rédigé entre le début du mois de février et la mi-avril, en lequel le jeune

---

[34] Image de la cité grecque que Hegel conservera toute sa vie. Cf. mon étude « Hegel et l'esprit de la beauté », in *Revue de Philosophie ancienne,* éd. Ousia, 1985, t. III, n°2, pp. 3-37.

Hegel interroge à partir de Kant, en particulier à partir de l'opposition de la raison spéculative et de la raison pratique, l'autre qui est rédigé probablement en mai ou en juin, donc à l'époque de la rédaction de la *Vie de Jésus*, en lequel perce l'idéal d'une Cité rassemblée par un même esprit.

Que le jeune Hegel se soit attaché à interroger à partir de Kant au cours des premiers mois de l'année 1795, et qu'il ait estimé féconde une telle interrogation, l'atteste également ce qu'il écrit à Schelling dans une lettre datée du 16 avril : « Du système kantien et de son plus haut achèvement, j'attends une révolution en Allemagne ». Et dans la même lettre, il écrit : « En étudiant de nouveau les postulats de la raison pratique, j'avais déjà conçu une vague idée de ce que tu m'expliques clairement dans ta dernière lettre et de ce que j'ai trouvé dans ton ouvrage [35] et de ce que les *Fondements de la doctrine de la science* me feront comprendre » [36].

Mais si ferme que soit l'intention de Hegel, au cours de l'année 1795, de développer les principes de la philosophie kantienne, et en particulier les principes de la philosophie pratique, et si vif que soit l'intérêt qu'il porte à l'égard de la problèmatique kantienne telle qu'elle est développée dans les premiers essais de Fichte et de Schelling, force est de reconnaître que ses premiers écrits (comme ses écrits ultérieurs) ne visent jamais un *développement des principes* de la pensée de Kant comme le font les premières études de Fichte et de Schelling. Si certains écrits de la période bernoise s'inscrivent dans une orientation kantienne [37], il s'y agit moins d'un développement des principes ou de leur réinterprétation au sein d'une nouvelle présentation que de la tentative de s'en inspirer à l'occasion d'une réflexion sur la religion ou, plus occasionnellement, sur la politique. Pour mieux cerner cette orientation apparemment kantienne qui se dessine et s'affirme en 1795, revenons aux deux essais les plus importants rédigés au cours de cette année, la *Vie de Jésus* [38] et la partie principale de la *Positivité de la religion chrétienne*.

La problématique principale de ces deux études se laisse aisément résumer : elle repose sur l'opposition de la raison et de la « positivité », et se déploie à travers une interrogation sur la religion chrétienne. Tandis que Jésus est venu prôner une religion fondée en principe sur la seule raison

---

[35] En février, SCHELLING, qui poursuivait sa dernière année d'étude au *Stift* deTübingen, avait envoyé à Hegel une copie d'un essai qu'il avait terminé en 1794 (et qui sera publié en 1795), intitulé *Sur la possibilité d'une forme de la philosophie en général* (trad. fr. in : *Cahiers de philosophie politique*, n°1, Ousia, 1983).

[36] *Correspondance*, I, p.28. Hegel étudiera les *Fondements* de FICHTE (parus à Iena en 1794) en août 1795 (cf. la lettre de Schelling du 30 août, *Correspondance*, I, p.35).

[37] Quelques commentaires de la *Critique de la raison pratique*, attribués par Rosenkranz à la période bernoise, ont été perdus (cf. ROSENKRANZ, pp. 86-87).

[38] Le titre, mentionné sur un carton attaché au manuscrit, n'est pas écrit de la main de Hegel. Il est utilisé par ROSENKRANZ (cf. G. SCHÜLER, art. cité, p. 142, note 71).

pratique, une religion purement morale, révélant ainsi la véritable essence de la religion et la nature rationnelle de l'homme, le christianisme, en revanche, dès qu'il a pris forme, a sécrété des doctrines qui ne reposent que sur l'autorité, a recommandé l'accomplissement de certaines pratiques pour elles-mêmes plutôt que la vertu pour elle-même, a réintroduit un culte qui favorise plus le fétichisme et la superstition que la moralité, a engendré une hiérarchie et un clergé qui suscitent plus le dogmatisme et le sectarisme que l'écoute de la raison universelle, bref a d'emblée détourné la religion de son essence authentique, et les hommes de leur nature rationnelle. Tandis que Jésus avait en vue une « religion rationnelle », une religion *issue des postulats de la raison pratique,* le christianisme, en revanche, est très tôt devenu une « religion positive ».

Montrer que la doctrine de Jésus est tout entière issue de la raison pratique, tel est en effet le dessein de Hegel quand il rédige, entre le 9 mai et le 24 juillet 1795, sa *Vie de Jésus.* Y ambitionne-t-il de présenter une nouvelle traduction et une harmonisation des Evangiles, comme le laisse entendre le sous-titre mentionné dans la première édition [39] ? S'il traduit, force est de reconnaître que sa « traduction » est bien libre et, s'il harmonise, que son « harmonisation » est soigneusement préparée en fonction du dessein poursuivi : le Christ dont il raconte la vie n'accomplit aucun miracle, se limite à rappeler aux hommes la loi morale qu'ils portent en eux, et s'exprime par des paroles qui sont assurément plus kantiennes que celles que lui prêtent les Evangiles. Ainsi quand Luc parle de dominer les démons, Hegel traduit : vaincre les préjugés moraux. Et à la Samaritaine (cf. Jean, IV, 7-26), Jésus aurait tenu ce propos : « Crois-moi, femme, il viendra un temps où vous ne célébrerez plus aucun culte, ni sur le Garizim, ni dans Jérusalem; où l'on ne croira plus que le culte de Dieu se réduit à des actes prescrits d'avance, ou qu'il est limité à un lieu déterminé. Il viendra un temps et, à proprement parler, il est déjà là, où les vrais adorateurs de Dieu vénéreront le Père universel dans l'esprit véritable de la religion – car ceux-là seulement lui sont agréables, dans l'esprit desquels règnent la seule raison et son couronnement : la loi morale. Sur elle seule doit être fondée la véritable adoration de Dieu ! » [40]. Et dans le sermon qu'il fait sur la montagne, après avoir expliqué qu'il n'est pas venu abroger la loi mais l'accomplir (Matthieu, V, 17), Jésus aurait précisé qu'accomplir la loi signifie : agir « selon l'esprit de la loi, par respect du devoir » [41]. Et

---

[39] *Das Leben Jesu. Harmonie der Evangelien nach eigener Uebersetzung,* éd. P. H. Roques, Diderichs, Iena, 1906. Cf. ROSENKRANZ, p. 51.

[40] *Vie de Jésus,* trad. citée, p. 59.

[41] *Ibid.,* p. 63. Dans *L'esprit du christianisme et son destin,* un écrit de la période de Francfort (1797-1800), Hegel interprétera cet accomplissement non plus à partir de la formule kantienne « par respect du devoir », mais à partir d'une expression incompatible avec le kantisme : l'accomplissement de la loi y devient « l'accord de l'inclination sensible et de la loi » (Nohl, p. 268).

dans le même sermon, il aurait également affirmé que la volonté de Dieu
« est signifiée à l'homme par la loi de sa raison » et que « la moralité est la
seule mesure de ce qui est agréable à Dieu » [42].

Mais si telle fut la doctrine de Jésus, comment comprendre qu'il
« donnât l'occasion de naître à une religion qui ne place pas du tout, ou du
moins pas uniquement la valeur de l'homme dans la moralité » [43] ? Plus
précisément : qu'est-ce qui, « dans la religion de Jésus, lui donna
l'occasion de devenir positive, c'est-à-dire ou bien n'était pas postulé par la
raison et même la contredisait, ou encore s'accordait avec elle mais
prétendait cependant n'être cru que sur l'autorité » [44] ? Telle est la
question centrale développée dans l'écrit auquel Nohl a proposé comme
titre : *La positivité de la religion chrétienne* [45]. En racontant l'histoire de
la vie de Jésus, Hegel s'était exclusivement attaché à faire ressortir ce qu'il
estimait être l'enseignement essentiel que visait à transmettre le Christ ; en
recherchant maintenant l'origine de la positivité de la religion chrétienne, il
tente de mettre en lumière la manière dont cet enseignement fut
effectivement transmis, et plus particulièrement la manière dont le Christ
lui-même fut amené à renier, ou du moins à présenter de manière
inadéquate, son propre enseignement. C'est précisément pour être à même
de *transmettre* son enseignement moral et rationnel qu'il fut entraîné,
prétend Hegel, à le présenter d'une manière qui le trahit ou le défigure.
Ainsi, alors même qu'il visait seulement à faire entendre une voix – celle du
commandement moral – qui est en chacun, Jésus fut contraint, pour
pouvoir convaincre et agir sur ses contemporains, pour pouvoir s'opposer à
la « positivité régnante », de faire appel à l'autorité de Dieu, de fonder en
partie sur sa propre autorité des principes qui sont en soi rationnellement
fondés, de se présenter commme le messie attendu par les Juifs, de susciter
une croyance aux miracles. « Alors qu'il recommandait une religion de la
vertu, Jésus était contraint, lui qui l'enseignait, de se mettre lui-même en
jeu, et d'exiger une foi en sa personne, en lui dont la religion de raison
n'avait besoin de cette foi que pour s'opposer au positif » [46]. En outre les
disciples de Jésus, contrairement à ceux de Socrate, furent plus captés par la
personne même de leur maître que par la force et la portée universelle de
son enseignement ; furent dès lors enclins à fonder celui-ci sur son
autorité, ce qui contribua « à faire de la raison une faculté simplement
réceptive, et non législatrice » [47].

---

[42] *Ibid.*, p. 71.

[43] *La positivité de la religion chrétienne,* trad. citée, p. 33.

[44] *Ibid.*, pp. 35-36.

[45] NOHL, pp. 152-213.

[46] *La positivité*, p. 38.

[47] *Ibid.* , p. 46.

A la légalité, Jésus a voulu substituer la moralité : plutôt que l'observance des commandements, l'accomplissement de la vertu. Accomplir la vertu signifie : agir « par respect pour le devoir parce que c'est le devoir, et dès lors qu'il est aussi commandement divin », mais non pas agir *parce que* le devoir est un commandement divin [48]. Car la moralité se réduit à la légalité, et disparaît comme telle, quand la loi morale est réduite à un commandement divin, le devoir librement voulu en un devoir religieux. Est positive selon cette orientation kantienne, la religion dans la mesure où elle transforme le commandement moral en un commandement objectif donné [49]. Se soumettre à une religion positive, c'est dès lors renoncer à sa propre humanité, fondée sur une raison autonome. « La foi dans la vertu, écrit Hegel, s'appuie (...) sur le sentiment qu'elle ne fait qu'un avec votre soi le plus propre » [50].

En quel sens une loi morale qui soit morale sans être établie comme « donnée » ? En quel sens une loi morale qui soit morale sans être légale, qui ne soit pas « positive » ?

Le jeune Hegel ne traite pas cette question en vue de la développer pour elle-même, ou de l'éclairer à partir d'une présentation de la philosophie pratique de Kant. Il décèle la positivité dans le fait que la loi morale apparaît comme « donnée » et par là même tend à priver l'homme de son autonomie : sous cet aspect son inspiration est kantienne. Mais il ne s'attache pas à reprendre et à repenser la distinction fondamentale à partir de laquelle Kant donne un sens à l'idée d'une moralité accomplie dans l'autonomie (ou d'une moralité dissociée de toute légalité ou, dans les termes du jeune Hegel, d'une loi morale qui ne soit pas positive), à savoir la distinction entre l'universalité de la loi qui est *donnée* et la maxime de l'action qui n'est *jamais donnée* mais qui doit toujours être *trouvée ou inventée* [51].

Certes le jeune Hegel fait ressortir d'une manière très kantienne le fait que la moralité est reniée par les « manuels de morale » [52] où les « compendia » [53], ou encore par ce qu'il appelle la religion objective : par tous les systèmes qui prétendent énoncer les principes universels de l'action dans leur contenu ; la moralité, suggère-t-il à la suite de Kant, *ne peut jamais résider dans l'application mécanique de*

---

[48] *La positivité*, p. 60.

[49] *Ibid.*, p. 51.

[50] *Ibid.*, p. 54.

[51] Sur le sens de cette distinction, cf. Marc RICHIR, « Métaphysique et Phénoménologie », in : *La liberté de l'esprit*, n°14, Hachette, 1987, pp. 113 sq.

[52] La critique des « manuels de morale » est déjà exprimée dans le *Fragment de Tübingen*.

[53] Les manuels de théologie.

commandements donnés, fussent-ils universels. Et elle ne peut non plus se réaliser , reconnaît-il, si elle est simplement réduite aux mœurs et aux coutumes : « chaque nation a un costume national traditionnel, une manière propre de manger et de boire, et des habitudes propres dans la manière de vivre », mais si la moralité s'abaisse « jusqu'à devenir un système de pratique de ce genre », elle perd alors, note Hegel dans son écrit sur la *Positivité*, « ce qui fait son essence » [54]. Indissociable de la liberté, la moralité est incompatible avec la soumission envers un contenu donné, qu'il soit particulier (les mœurs et les coutumes) ou qu'il soit universel (lois morales « établies comme données »). Mais en quel sens une loi morale si elle n'est pas « donnée » ? Jamais le jeune Hegel ne cherche à creuser cette question à partir de la conception kantienne de l'impératif catégorique, d'un impératif qui impose l'Universel mais ne donne jamais la maxime qui permet de guider l'action dans le concret. Il se limite à montrer qu'une religion – mais aussi un Etat – qui établit une loi morale comme donnée dans son contenu renie la moralité, et par suite l'humanité, parce qu'elle renie l'autonomie.

Que la loi morale ne puisse être morale si elle est établie dans son contenu comme « donnée », tel est l'enseignement kantien qui inspire la critique menée par le jeune Hegel contre la positivité au cours de sa période bernoise, enseignement kantien qu'il attribue à Jésus. Mais en quel sens une loi morale qui ne soit pas établie dans son contenu ? Cette question, jamais le jeune Hegel ne la traite en cherchant à reprendre ou à repenser l'enseignement kantien.

Parallèlement à ses recherches sur l'origine de la positivité de la religion chrétienne, le jeune Hegel, au cours de l'année 1795, livre quelques réflexions qui touchent à la politique. S'y confirme son attachement à un idéal républicain. C'est à nouveau cet idéal, en effet, qu'il célèbre dans le second fragment. Il s'agit d'une note rédigée dans le cadre d'une lecture d'un ouvrage de l'historien G. Forster [55]. L'idéal républicain qui anime Hegel à cette époque se laisse-t-il interpréter, comme sa critique de la positivité et son exaltation de l'enseignement de Jésus, selon une orientation kantienne ? En d'autre termes : exprime-t-il un idéal d'autonomie individuelle ou morale ?

L'hostilité du jeune Hegel à l'égard du despotisme et du régime aristocratique est sans la moindre ambiguïté : à la mesure de son hostilité à l'égard de la positivité de la religion chrétienne. Dans sa lettre à Schelling du 16 avril 1795, il parle en ces termes de la vie politique bernoise : « tous les dix ans, le conseil souverain complète son effectif en remplaçant les membres – environ 90 – qui sont partis durant cette période. Les

---

[54] *La Positivité*, p. 31.

[55] G. FORSTER, *Ansichten vom Niederrhein, von Brabant, Flandern, Holland, England und Frankreich, im April, Mai und Junius 1791*, tome 1, Berlin, 1791.

petitesses humaines qui se font alors jour, les combinaisons auprès desquelles les intrigues des cousins et des cousines dans les cours princières ne sont rien : c'est ce que je ne puis te décrire. Le père nomme son fils ou le mari de sa fille, qui apporte le plus fort douaire, et ainsi de suite. Pour apprendre à connaître une constitution aristocratique, il faut avoir passé ici un de ces hivers, avant Pâques, où ont lieu les élections complémentaires » [56]. C'est également une dénonciation de l'Ancien Régime au nom d'un idéal républicain que manifeste ce petit fragment, écrit en français par Hegel au cours de son séjour à Berne : « Dans la monarchie le peuple ne fut une puissance active, que pour le moment du combat. Comme une armée soldée il devoit garder les rangs non seulement dans le feu du combat même, mais aussitôt après la victoire rentrer dans une parfaite obéissance. Notre expérience est accoutumée, de voir une masse d'hommes armés entrer, au mot d'ordre, dans une furie réglée du carnage et dans les loteries de mort et de vie, et sur un même mot rentrer dans le calme. On demanda la même chose d'un peuple, qui s'est armé lui-même. Le mot d'ordre étoit la liberté, l'ennemie la tyrannie, le commandement en chef une constitution, la subordination l'obéissance envers ses représentans. Mais il y a bien de la différence entre la passivité de la subordination militaire et la fougue d'une insurrection ; entre l'obéissance à l'ordre d'un général et la flamme de l'enthousiasme, que la liberté fond par toutes les veines d'un être vivant. C'est cette flamme sacrée, qui tendoit tous les nerfs, c'est pour elle, pour jouir d'elle, qu'ils s'étoient tendus. Ces efforts sont les jouissances de la liberté et Vous voulez qu'elle renonce à elles ; ces occupations, cette activité pour la chose publique, cet intérêt est l'agent, et Vous voulez, que le peuple s'élance encore à l'inaction, à l'ennui ? » [57].

Nul doute que la dénonciation du régime aristocratique ou de la constitution monarchique ne soit, chez le jeune Hegel, lié à un idéal d'autonomie. C'est justement, estime-t-il, parce que la religion chrétienne est devenue positive (en est venue à favoriser l'hétéronomie) qu'elle s'est associée avec le despotisme : religion positive et despotisme reposent sur l'affirmation d'une loi « donnée », c'est-à-dire imposée en extériorité, reposent donc sur la négation de la « dignité humaine ». Si l'humanité redécouvre sa dignité, écrit Hegel à Schelling dans sa lettre du 16 avril, c'est que « le nimbe qui entourait les têtes des oppresseurs et des dieux de la terre disparaît. Les philosophes démontrent cette dignité, les peuples apprendront à la sentir ; et ils ne se contenteront pas d'exiger leurs droits abaissés dans

---

[56] *Correspondance,* I, p. 28.

[57] Il importe de retranscrire ce fragment (dont le manuscrit est perdu) tel qu'il fut retranscrit par ROSENKRANZ (Op. cit. , p. 532), sans y introduire la moindre correction formelle, car ce sont précisément les germanismes qui transparaissent dans la tournure des phrases et dans la ponctuation qui permettent de récuser la thèse de Hoffmeister (*Dokumente zu Hegels Entwicklung,* op. cit. , p. 466) selon laquelle ce texte serait la copie d'un discours d'un général *français.* Cf. G. SCHÜLER, art. cité, p. 158.

la poussière, mais ils les reprendront – ils se les approprieront. Religion et politique se sont entendues comme larrons en foire ; la première a enseigné ce que voulait le despotisme : le mépris de l'espèce humaine, son incapacité à réaliser un bien quelconque, à être par elle-même quelque chose » [58].

Toutefois, alors même qu'il exprime un idéal d'autonomie, l'idéal républicain du jeune Hegel trahit une orientation incompatible avec la philosophie kantienne. Il exprime une tendance opposée aux principes mêmes de la pensée de Kant car il se définit par une autonomie qui est moins le fait des individus que d'un peuple appréhendé *dans son unité,* dans une unité indivisible, celle de son esprit. C'est dans les monarchies, note Hegel dans le second fragment de 1795, que les hommes « vivent pour l'élément individuel », se construisent une « idée individuelle ». Dans la République règne un « grand esprit », qui rassemble toutes les forces, « physiques et morales » vers l'Idée pour laquelle on y vit : nulle division ne s'installe entre l'idéal et le « champ terrestre d'activités ».

Est-ce à dire que le jeune Hegel renonce à l'idéal kantien d'autonomie morale et individuelle quand il exalte la Cité républicaine tout entière unie et animée par une idée formée par l'esprit commun ? Nul doute qu'*à ses propres yeux* il y ait convergence entre son idéal kantien d'autonomie et son idéal républicain. Il pressent certes la possibilité d'une divergence quand il observe que l'idéal moral qui inspire l'enseignement de Jésus, et qui correspond à l'idéal kantien, ne peut s'incarner dans une cité politique . Ainsi l'amour des hommes, l'amitié, la charité, l'égalité entre les hommes, toutes ces vertus que prône la religion de Jésus en tant que religion morale sont insuffisantes, souligne-t-il, pour former un Etat ; et en outre si celui-ci les exige de ses citoyens, s'il érige en loi la moralité, « il n'obtiendra rien de plus qu'avec toutes les autres lois civiles : la légalité » [59]. Force est dès lors de concevoir, donne à penser Hegel, qu'au fondement même de l'Etat républicain joue un principe qui *dépasse la moralité sans engendrer la légalité* : une Idée « pour laquelle on vit » et qui n'est pas « individuelle ». Force est de concevoir que cette Idée sur laquelle repose la Cité républicaine suppose un dépassement de la moralité au sens kantien. Mais cette conclusion suggérée par la critique de la positivité issue de l'individualisme moral de la doctrine de Jésus, cette conclusion, le jeune Hegel se refuse à la tirer. Comme dans les fragments de 1793 et 1794, il s'attache au contraire à affirmer la possibilité d'une conciliation entre la raison pratique et la sensibilité d'un peuple, entre religion morale et religion populaire, entre l'idéal kantien d'autonomie et l'idéal d'une Cité accordée par ses mœurs. Et, comme dans les fragments précédents [60],

---

[58] *Correspondance,* I, p. 28-29.

[59] *La Positivité,* p. 59.

[60] Cf. frag. 3, 4.

Socrate représente encore l'incarnation de cette conciliation. Socrate est l'image même de l'union de l'autonomie de l'individu et de son accord avec les lois de la Cité : d'une part il était nourri, comme ses élèves et ses amis, « de cet esprit républicain qui donne plus d'autonomie à chaque individu pour lui-même » ; mais d'autre part, souligne Hegel, il avait – contrairement à Jésus qui, à cet égard, favorise un individualisme qui est incompatible avec la formation d'un Etat – « il avait lui-même combattu pour sa patrie, remplit tous les devoirs d'un libre citoyen, comme soldat courageux en temps de guerre et juge équitable en temps de paix » [61]. En quel sens l'autonomie *de l'individu* si elle s'accomplit dans l'accord avec les lois de la Cité et le combat pour la Patrie ?

III. Les trois « compléments ». A l'essai sur la *Positivité de la religion chrétienne,* Nohl a rattaché trois « compléments » [62]. Je retiens ce terme par commodité, et aussi parce qu'ils furent rédigés dans la foulée de cet essai, soit pour le reprendre en le corrigeant, soit pour le développer en l'illustrant.

Le premier « Complément » [63], que j'intitule *Une Foi positive est un système de principes,* est rédigé au cours de l'hiver 1795-1796. On sait que Hegel a presque achevé son manuscrit sur la *Positivité* en novembre 1795, et qu'il l'a repris pour y ajouter une brève conclusion le 29 avril 1796 [64]. Le premier « Complément » est rédigé entre ses deux dates. Hegel l'a-t-il conçu comme une introduction nouvelle destinée à l'essai sur la *Positivité,* comme le suggère Gisela Schüler, ou comme un chapitre qui devait s'y insérer ? Toujours est-il qu'il le mit de côté sans pouvoir l'intégrer dans l'essai, qu'il reprit pour y ajouter une brève conclusion, comme si ce « Complément », en raison d'idées nouvelles qui s'y feraient jour, ne pouvait compléter l'essai sans introduire une incohérence ou une discontinuité.

Impossible de dater avec précision le second « Complément », faute de critères externes : le manuscrit est perdu, on ne le connaît que par Rosenkranz, qui le publia en appendice de sa biographie. Mais son contenu, cependant, permet de le rattacher à l'essai sur la *Positivité,* en tout cas à la période bernoise. Quant au troisième « Complément » [65], qui date du printemps ou de l'été de l'année 1796, il semble, selon la pagination

---

[61] *La Positivité,* p. 43.

[62] NOHL, pp. 214-231 ; pp. 231-231 ; pp. 233-239.

[63] Le troisième dans la présentation de NOHL.

[64] Deux dates, 2 novembre 1795 et 29 avril 1796, sont indiquées par Hegel dans la marge de son manuscrit.

[65] Le premier dans la présentation de NOHL.

attribuée par Hegel lui-même, que celui-ci ait voulu le présenter comme une suite de l'essai sur la *Positivité* [66]

Toutefois, même si Hegel a eu l'intention de traiter ce troisième « Complément » comme une suite qui puisse prolonger l'essai sur la *Positivité*, il semble que la problématique qui s'y déploie soit en rupture avec le thème dominant de l'essai. Y resurgit en effet l'idéal de la constitution républicaine, illustré par la Cité athénienne. Ce n'est plus la religion de Jésus qui forme l'idéal par rapport auquel est dénoncée la positivité de la religion chrétienne, mais la religion populaire accomplie par les Grecs et les Romains. Ce n'est dès lors plus l'infidélité à la doctrine essentielle visée par Jésus, infidélité qui serait déjà le fait de Jésus lui-même, qui est à l'origine de la positivité, mais la disparition de la religion païenne, la disparition d'une religion qui imprégnait la vie populaire, animait la sensibilité des citoyens, et stimulait leur imagination. Ce n'est plus le passage de la religion visée par Jésus, indissociable de la moralité, à la religion chrétienne, intrinsèquement positive, qui constitue l'objet central de l'examen, mais bien plutôt le passage de la religion païennne, solidaire de la vie quotidienne des citoyens, des guerres et des fêtes publiques, des institutions et de la constitution, à l'individualisme, inséparable du despotisme et du christianisme. A un idéal apparemment moraliste ou kantien se substitue, semble-t-il, l'idée de la patrie. Comment Hegel eût-il pu avoir l'intention de prolonger son essai sur la *Positivité* par ce « Complément » ? Comment eut-il pu vouloir prolonger un essai imprégné d'un idéal moral – apparemment kantien – par une étude qui prône l'identification des citoyens à la cause de leur patrie et leur totale intégration au sein de leur Cité ? Revenons au premier « Complément », qui semble, quant à lui, en accord avec la problématique moraliste de l'essai sur la *Positivité*, mais que Hegel abandonna cependant sans chercher à l'intégrer à cet essai.

Le premier « Complément » semble en accord avec la problématique de l'essai sur la *Positivité*, puisqu'il est centré sur une critique de la positivité de la religion au nom des exigences de la raison pratique et l'idéal d'autonomie. Plus précisément, il s'en prend aux « orthodoxes », entendons les théologiens de l'école de Tübingen, notamment les anciens professeurs de Hegel, Storr et Flatt, et son ancien condisciple Süskind [67]. Hegel les accuse de détourner le kantisme au profit de la théologie orthodoxe. En quel sens les « orthodoxes » se servent-ils de la philosophie kantienne pour justifier leur foi positive, pour étayer les prétentions de leur religion positive ?

---

[66] Cf. G. SCHÜLER, art. cité, p. 143.

[67] G. Ch. STORR (1746-1805) avait rédigé en latin une critique de l'essai de Kant sur *La religion dans les limites de la simple raison*. Süskind traduisit en allemand cette critique de l'essai de Kant, et publia en appendice de sa traduction une critique de l'essai de Fichte sur une *Critique de toute révélation*.

Déjà en janvier 1795, Hegel portait cette accusation contre les « orthodoxes » de Tübingen. Dans une lettre à Schelling, il écrivait : « je crois qu'il serait intéressant de troubler autant que possible dans leur travail de fourmis les théologiens qui apportent des matériaux critiques pour consolider leur temple gothique, accumuler devant eux les difficultés, les chasser à coups de fouet de tous les coins où ils cherchent refuge jusqu'à ce qu'ils n'en trouvent plus aucun et qu'ils soient obligés de montrer leur nudité au grand jour. Parmi les matériaux qu'ils dérobent au bûcher kantien pour empêcher l'incendie de la dogmatique, ils rapportent aussi chez eux quelques charbons ardents ; – ils apportent la diffusion générale des idées philosophiques » [68]. En quel sens les théologiens de l'école de Tübingen cherchent-ils à empêcher l'incendie de la dogmatique en reprenant un matériau kantien – un matériau qui, en fait, ne peut, selon Hegel, que nourrir et attiser l'incendie ?

Les « orthodoxes » – les théologiens de l'école de Tübingen – ne nient pas que la raison humaine puisse appréhender les vérités de la foi. Ils reconnaissent même, comme Kant, « que la moralité constitue vraiment la fin suprême et absolue de l'humanité », et que la raison pratique est législatrice dans le domaine moral, qu'elle établit les lois morales dans leur universalité, qu'elle est « capable de construire un système pur de morale ». Mais ils n'attribuent pas à l'homme une véritable autonomie, prétend Hegel, car ils soutiennent que la raison ne peut par elle-même apporter les mobiles qui incitent la volonté à agir conformément à la loi morale. L'homme est capable, selon eux, de se représenter la loi morale, mais non de la réaliser sans être mû par des représentations que seule la religion peut lui offrir. Ainsi la religion *répond à une exigence de la raison pratique* en apportant les mobiles qui incitent à agir par devoir. Elle encourage la moralité.

Que cette interprétation « orthodoxe » de la compréhension kantienne de la croyance constitue un détournement de la pensée kantienne, une manière de la tirer du côté de l'orthodoxie en reprenant la lettre de certaines formules, il n'y a sur ce point aucun doute possible. Car c'est une religion sensible (une religion qui parle à l'imagination) que la raison pratique exige, selon les « orthodoxes », une religion qui puisse, par les représentations qu'elle offre à l'imagination, inciter la volonté à agir conformément à la loi morale. La religion positive des « orthodoxes » ; souligne Hegel, se fonde moins sur l'exigence de la raison que sur « l'absence de force morale ». Elle engendre chez l'homme, écrit-il, « le sentiment d'être une machine qui est certes capable de représentations, mais qui est mise en mouvement par des représentations données », à savoir « les représentations qui lui sont données dans la religion positive ». Parmi celles-ci, un postulat, celui de l'harmonie de la félicité et de la moralité.

_____
[68] *Correspondance*, I. p. 22.

Mais ce postulat, dans l'« interprétation » des théologiens de Tübingen, est moins une exigence de la raison pratique que de la sensibilité.

Hegel a certes raison de récuser la doctrine par laquelle les théologiens cherchent à justifier la religion positive à partir de Kant. L'autonomie, pour Kant, suppose en effet que le devoir moral soit accompli pour lui-même et jamais en raison de motifs sensibles. Mais curieusement Hegel en vient à adresser aux « orthodoxes » une critique au nom de la véritable autonomie, qu'il pourrait tout aussi bien adresser à Kant lui-même, et qui est tout aussi peu kantienne que l'interprétation « orthodoxe ». Il écrit en effet : si les « orthodoxes » reconnaissent que la moralité est la fin suprême, et que la raison pratique est capable d'établir les lois morales, « il leur faut pourtant affirmer que la raison est incapable d'avoir le primat sur les inclinations, est incapable de réaliser ses propres exigences » ; dès lors, conclut Hegel, ils font de l'homme un être dépendant, non pas dans la position de sa propre fin, « mais du moins dans sa réalisation ».

Prétendre, comme le fait Hegel, que les « orthodoxes » nient l'autonomie de la raison pratique dans la mesure où ils estiment qu'elle est incapable de *réaliser* la fin suprême, c'est prétendre aussi, ce que ne fait pourtant pas Hegel, que Kant nie l'autonomie de la raison pratique. Hegel reproche aux « orthodoxes » d'attribuer à la raison pratique une « exigence vis-à-vis de ce qu'elle reconnaît comme indépendant d'elle et indéterminable par elle ». Mais Kant, lui aussi, estime que la raison pratique porte en elle une telle exigence quand elle postule une harmonie du bonheur et de la vertu, ou l'immortalité de l'âme. Si Hegel ne s'en prend pas explicitement à Kant quand il accuse les « orthodoxes » de faire de la raison pratique une raison hétéronome, *dépendante car incapable de réaliser la fin suprême,* c'est soit qu'il le vise sans le nommer [69], soit qu'il estime que l'autonomie kantienne réside dans cette capacité non seulement de se donner sa propre loi mais de la réaliser. Dès lors, deux questions surgissent de la critique hégélienne des « orthodoxes ».*Première question* : comment comprendre cette autonomie au sens hégélien, cette capacité reconnue à la raison pratique de *réaliser* la fin suprême qu'elle détermine elle-même et dont elle exige la réalisation ? *Seconde question* : Hegel entend-t-il critiquer Kant sans le nommer quand il stigmatise la doctrine des « orthodoxes », ou croit-il au contraire les dénoncer au nom de l'autonomie kantienne ?

Revenons à la critique des « orthodoxes » pour souligner le fait que Hegel leur reproche moins d'en appeler à une religion sensible qui puisse procurer des mobiles qui incitent au respect de la loi, que de ne pas avoir reconnu la véritable autonomie qui est, affirme-t-il, celle d'une raison qui pose des fins dont la réalisation elle-même ne dépend que d'elle. D'une raison qui est capable d'avoir le primat sur les inclinations en donnant elle-

---

[69] Bernard BOURGEOIS, *Hegel à Francfort,* Vrin, 1970, p. 18.

même « sa forme » à l'impulsion, en lui fournissant « les forces physiques ». Quand la raison est véritablement autonome, précise Hegel, la croyance en l'existence de Dieu ne pousse pas la volonté à réaliser le but final (entendons : le but final en général), mais elle pousse la volonté « à réaliser la partie de ce but qui dépend de la volonté ». Hegel ajoute : « ce à quoi elle est d'autant plus disposée qu'elle observe que la sensibilité y trouve elle aussi son compte ». Et il donne un exemple : « un républicain ou un guerrier qui, s'il ne combat pas pour une patrie le fait du moins pour l'honneur, possède une fin dont la réalisation dépendra entièrement de lui-même, et il n'a donc besoin d'aucune aide étrangère ». Car c'est son impulsion elle-même qui « agit alors selon la forme donnée par la raison », et il ne ressent dès lors *aucune contrainte extérieure*. Et sa raison sera satisfaite car sa fin sera réalisée, que son impulsion soit victorieuse ou vaincue lors du combat contre les forces étrangères. S'il meurt « pour l'honneur ou pour sa patrie, ou pour la vertu, seule notre époque, affirme Hegel, a pu dire que cet homme aurait mérité un meilleur destin ».

Que l'autonomie réside dans le fait de se donner à soi-même son but mais aussi de le réaliser, qu'elle s'accomplisse dès lors quand l'inclination sensible est elle-même mue par une Idée, et qu'en ce sens le républicain grec était autonome, voilà un thème central du troisième « Complément » à l'essai sur la *Positivité*. Pour le républicain grec (ou romain), l'idée de sa patrie était « le but final du monde ou le but final de son monde ». Entendons : sa fin n'est pas un but final en général, comme la fin suprême pour les « orthodoxes », mais un but « qui dépend de sa volonté » car sa réalisation ne dépend pas d'un être étranger. « Devant cette idée, précise Hegel, son individualité disparaissait. Il n'exigeait conservation, vie et durée, que pour cette idée, *et pouvait ainsi réaliser son but* » (je souligne). Véritable autonomie, aux yeux de Hegel, car la réalisation du but ne dépend d'aucun être extérieur. Mais autonomie véritable qui s'accomplit par la disparition de l'individualité : seules des « inclinations » imprégnées de part en part par une Idée suprême peuvent accomplir ce qu'elles visent sans ressentir la moindre contrainte extérieure, mais elles déterminent alors un « individu » qui n'a aucune existence individuelle car il ne vit que pour l'idée suprême. Seul un tel « individu », par exemple le républicain grec imprégné de l'esprit de son peuple, qui ne vit que pour sa patrie, peut « réaliser son but ». Et s'il meurt « pour l'honneur ou pour sa patrie, ou pour la vertu, seule notre époque, comme l'écrivait Hegel dans le premier « Complément », a pu dire que cet homme aurait mérité un meilleur destin ». Et par « vertu », il faut ici entendre non pas un principe moral au sens individualiste, mais au contraire ce que Hegel appelle le principe même des républiques, qui consiste, comme Montesquieu l'avait bien vu, précise Hegel, « dans cette capacité de pouvoir sacrifier l'individu pour une idée qui, pour les républicains, est réalisée dans leur patrie ».

Cette capacité, telle est, pour le jeune Hegel, la véritable autonomie. Elle désigne ce pouvoir d'être mû par un principe supérieur, absolu, sans

ressentir la moindre contrainte extérieure. Elle advient quand des
« individus » sont en eux-mêmes, dans leur sensibilité, imprégnés d'un
esprit qui à la fois les transcende et leur est immanent. C'est au nom d'une
telle autonomie que Hegel dénonce les « orthodoxes ». Entend-t-il, à
travers cette dénonciation, mettre Kant en question sans le nommer, ou
estime-t-il que cette autonomie est kantienne ?

Le 29 avril 1796, Hegel, après avoir abandonné le texte où il s'en prend
aux « orthodoxes » (le premier « Complément »), le laissant inachevé,
reprend son manuscrit sur la *Positivité*, délaissé depuis environ cinq mois,
pour l'achever par une brève conclusion [70]. Il se limite à y reprendre, en la
condensant, la critique des théologiens « orthodoxes ». Ceux-ci, écrit-il,
reconnaissent généralement à la raison le pouvoir d'établir des lois morales,
mais prétendent qu'elle « ne serait pas capable de procurer à la loi des
mobiles tels qu'ils puissent faire respecter la loi et inciter la volonté à agir
conformément à elle ; la religion chrétienne nous fournit des mobiles
objectifs, des mobiles qui ne sont pas la loi elle-même » [71]. Dès lors,
écrit Hegel, « le système de l'Eglise ne peut être autre chose qu'un système
du mépris des hommes » [72]. Le premier « Complément » que Hegel vient
d'abandonner permet de préciser et d'éclairer cette critique : le mépris des
hommes ne réside pas dans le fait que des mobiles sensibles sont considérés
comme une condition de la réalisation de la moralité, mais dans le fait que
ces mobiles viennent d'un être étranger, et non pas de la « raison » elle
même, comme c'est le cas quand un guerrier républicain combat pour sa
patrie ou pour l'honneur, car il est alors mû par ses propres inclinations,
par une impulsion qui a reçu ses « forces physiques » de la « raison » elle-
même. L'homme est autonome non pas seulement par la position de la fin
suprême par la raison pratique, mais quand il trouve *en lui-même* le mobile
sensible qui le pousse à réaliser la fin, donc quand ses inclinations sont en
elles-mêmes pénétrées de l'Idée qui est la fin suprême. En proposant des
mobiles *religieux*, l'Église méconnaît « les droits de chaque faculté de
l'esprit humain, notamment de la première d'entre elles, la raison » [73].
Non pas que les mobiles ne puissent être religieux : le républicain grec est
imprégné dans sa vie quotidienne de la religion de son peuple. Mais ces
mobiles ne peuvent devenir « objectifs ». Le « système de l'Eglise » est
un « système du mépris des hommes » car l'Eglise « érige en règle
l'élément subjectif de la raison comme si c'était quelque chose
d'objectif » [74]. Elle méconnaît, précise Hegel, « le partage salutaire du
domaine des pouvoirs de l'esprit humain que Kant a opéré pour la

[70] NOHL, pp. 211-213 ; *La Positivité,* pp. 103-105.

[71] *La Positivité,* pp. 103-104.

[72] *Ibid.* , p. 103.

[73] *Ibid.*

[74] *Ibid.*

science ». Et il ajoute : il s'agit de « cette distinction à laquelle la justesse de leur sentiment avait conduit spontanément les Grecs » [75].

Spontanément ou par eux-mêmes (*von selbst*), les Grecs avaient le juste sentiment (*das richtige Gefühl*) de la distinction que Kant a opérée « pour la science », c'est-à-dire d'une manière réfléchie et théorique, à savoir la distinction entre l'entendement et la raison, plus particulièrement entre la légalité et la moralité, c'est-à-dire, précise Hegel, entre les règles de l'entendement, qui sont données ou objectives, et les commandements de la raison qui, en tant que lois universelles et nécessaires peuvent en un sens être dites objectives (c'est ainsi que Kant les appelle, les nomme, « quoique en un autre sens que les règles de l'entendement ») mais qui, à proprement parler, sont subjectives, ou, comme Kant l'a montré, doivent le devenir, c'est-à-dire se transformer en maximes de l'action. Kant a donc, aux yeux de Hegel, établit théoriquement cela même que les Grecs ressentaient spontanément et avec justesse, mais ce que l'Eglise chrétienne a méconnu ou renié. Certes, reconnaît Hegel, l'Eglise chrétienne repose sur le principe de « la morale pure » ; mais, à l'inverse des Grecs et de Kant, elle traite et établit les commandements moraux de la raison comme des règles de l'entendement. « Les commandements sont subjectifs, écrit-il, ces règles sont objectives ; or l'Eglise chrétienne érige en règle l'élément subjectif de la raison comme si c'était quelque chose d'objectif » [76].

Dans quelle mesure, selon Hegel, les commandements de la raison peuvent-ils rester subjectifs ? Le premier « Complément » nous l'a appris : dans la mesure où la réalisation de la moralité n'est pas une exigence qui dépende d'un être supérieur, mais l'œuvre de la raison pratique elle-même. Et dans quelle mesure la raison pratique peut-elle réaliser la moralité ? Dans la mesure où elle imprime elle-même sa forme dans les inclinations sensibles, donne elle-même aux impulsions la « force physique » qui les pousse à agir selon la loi morale en sorte que le devoir s'accomplisse sans que ne soit ressentie une contrainte, une obligation : dans la mesure où la « raison » pénètre, imprègne et anime la sensibilité. Et puisque Hegel en appelle à Kant, à la distinction que celui-ci a opérée et que les Grecs ressentaient, quand il accuse l'Eglise chrétienne de transformer les commandements moraux de la raison en des règles objectives, comme s'ils étaient des règles de l'entendement, force est de conclure qu'il croit kantienne sa propre conception d'une raison pratique autonome : d'une raison pratique capable de *réaliser* ses exigences, l'union de la vertu et du bonheur, car en mesure d'imprégner et d'animer la sensibilité. Force est de conclure que quand il critique les « orthodoxes » au nom d'une véritable autonomie, l'autonomie d'une raison qui est non seulement capable de poser la fin suprême mais de la réaliser, Hegel

75 *Ibid.*, p.103.
76 *Ibid.*

n'entend nullement critiquer Kant sans le nommer. Il le critique à son insu, il se croit fidèle à l'enseignement de la philosophie pratique kantienne.

Le fait que Hegel ne soupçonne pas que sa critique des « orthodoxes » porte en elle une critique de la philosophie pratique de Kant, que sa compréhension de l'autonomie soit radicalement incompatible avec la conception kantienne de l'autonomie, jette une lumière nouvelle et inattendue sur les fragments précédents. Car il donne à penser que si Hegel n'a jamais critiqué Kant avant sa période francfortoise, c'est moins parce qu'il aurait été kantien – il ne l'était que selon la lettre – que parce qu'il se croyait kantien. Il donne à penser que lorsque Hegel cherchait à concevoir les institutions nationales qui emplissent la sensibilité d'un peuple et cependant satisfassent sa raison, il se sentait moins déchiré par deux idéaux incompatibles (l'idéal d'une Cité conciliée par un esprit commun et un idéal moral) qu'animé par un même idéal, un idéal d'autonomie (qu'il croyait kantien) selon lequel c'est la raison elle-même qui s'accomplit quand les citoyens ne ressentent plus l'extériorité du devoir parce qu'ils se confondent en une seule totalité vivante. Et lorsqu'il écrivait dans le fragment de 1795 *Sur l'idée transcendante de Dieu* que la moralité ne peut être réalisée par la raison « aussi longtemps que celle-ci est limitée par le sensible », il visait moins à faire ressortir que la moralité est irréalisable qu'à suggérer que l'autonomie authentique s'accomplit quand la sensibilité ne limite plus la raison. Et lorsqu'il voyait en Socrate l'image de l'autonomie individuelle et en même temps celle de l'immersion du citoyen dans l'esprit de son peuple, il y voyait moins la synthèse de deux exigences divergentes, que l'accomplissement d'une même exigence (qu'il croyait kantienne), celle d'une action autonome parce que spontanément accordée à l'idéal qu'elle vise.

HEGEL

FRAGMENTS DE LA PÉRIODE DE BERNE

(1793–1796)

Traduction française

par

Robert LEGROS et Fabienne VERSTRAETEN

FRAGMENT 1

ON ENSEIGNE A NOS ENFANTS

On enseigne à nos enfants les grâces, les prières du matin et du soir.

Notre tradition : chants populaires etc... Un Harmodios ou un Aristogiton n'ont point vécu dans les paroles et les chants de notre peuple. Une gloire éternelle a accompagné ceux-ci, car ils ont frappé les tyrans et ont donné à leurs citoyens des droits égaux et des lois.

Quelles sont les connaissances historiques de notre peuple ? Il lui manque une tradition propre et nationale ; notre mémoire, notre imagination sont emplies de l'histoire des origines de l'humanité, de l'histoire d'un peuple étranger et des exploits et forfaits de rois qui ne nous concernent en rien. Nous nous moquons de leurs côtés ridicules comme Aristophane se moquait de ses dieux.

*
* *

FRAGMENT 2

ON NE PEUT NIER

On ne peut nier la fausseté et l'immoralité des idées que les Juifs se faisaient de la colère et de la partialité de leur Jéhova, de la haine qu'il vouait aux autres peuples, ainsi que de son intolérance. Hélas, ces idées se sont transmises dans la pratique et la théorie de la religion chrétienne ; elles y ont causé de tels dommages qu'on souhaiterait que notre religion ait son origine dans une religion plus humaine – ou qu'elle la lui ait du moins empruntée. Et si son esprit querelleur et obscur, son intolérance et son orgueil ont diminué, nous n'en sommes pas reconnaissants à ses prêtres mais à la philosophie que ces derniers haïssaient, ainsi qu'aux lumières plus clémentes de notre époque. En défendant l'orthodoxie contre les géants qui l'attaquaient, les champions de celle-ci ont peu à peu emprunté aux assaillants leurs idées. Ils n'ont pu sauver la citadelle qu'en abandonnant les remparts indéfendables et, pour ne pas compromettre la gloire, ils ont ensuite déclaré qu'ils n'avaient jamais eu l'intention de les défendre. Comme ce général qui est encore sur le champ de bataille au crépuscule : il ordonne aux trompettes d'annoncer sa victoire dans la capitale ; il en impose bien sûr au peuple qui le croit et entonne le *Te Deum*. Or souvent, il n'est pas le véritable vainqueur, et il se trahira en faisant ensuite évacuer la région. Ainsi ce n'est pas la théologie qui a eu la parole, mais bien les divergences entre ses *compendia* après dix ou vingt années.

Si tu veux être parfait, vends tout ce que tu possèdes et offre ton bien aux pauvres, dit le Christ au jeune homme. Cette image que le Christ nous donne de la perfection porte en elle-même la preuve que son enseignement ne visait que la formation et la perfection de l'individu : impossible de l'étendre à toute une société.

Les adversaires du Christianisme ont tiré de la dépravation des Chrétiens et particulièrement du clergé un argument contre leur vérité et leur bienfaisance, et ils l'ont exposée dans les moindres détails et de manière parfois cruelle. Les défenseurs du Christianisme considèrent que cette attaque est très faible quoique brillante. Mais si le clergé était vraiment efficace, il devrait empêcher qu'on méconnaisse ses qualités essentielles. C'est chez ceux qui, dès leur prime jeunesse, se sont adonnés à la réflexion sur l'amélioration morale qu'on trouve le plus rarement celle-ci. Ils prétendent qu'on a méconnu la religion chrétienne : pourtant on avait, comme nous, la Bible. Ils semblent dire que s'il y avait déjà eu leurs *compendia* [1], tout se serait déroulé autrement. La religion chrétienne s'est-elle opposée au despotisme ? Et quand s'est-elle opposée au commerce des esclaves ? Ses prêtres accompagnent les bateaux pour la Guinée. Et quand s'est-elle opposée à la traite des hommes ? On envoie des aumoniers militaires. S'oppose-t-elle aux guerres ? A toutes les formes de despotisme ? Les arts et l'*Aufklärung* ont amélioré notre morale, et l'on prétend après coup que c'est l'œuvre de la religion chrétienne et que sans elle la philosophie n'aurait pas trouvé ses principes.

Quand dans son œuvre la raison érige, pleine de suffisance et de joie, la construction des concepts qu'elle a puisés dans l'esprit de

---

[1] Hegel fait sans doute allusion au *compendium* qu'il a particulièrement étudié quand il était au Stift, celui de *Sartorius,* et à celui, qui venait de paraître, de Storr, *Doctrina christianae pars theoretica e sacris litteris repetita* (1793).
(Toutes les notes appelées par des chiffres sont des notes des traducteurs.)

l'homme et dans l'expérience séculaire, quand elle fait l'importante auprès de ceux qui s'imaginent avoir le privilège de ces vérités et montre qu'elle se suffit à elle-même en sorte qu'elle puisse se passer de leur source, une telle prétention – comme s'ils avaient produit l'ouvrage et que bien longtemps avant les découvertes ils en connaissaient encore plus et maintenant encore en savaient plus – cette prétention est tout aussi vaine que celle d'un hobereau qui se vanterait auprès de Newton d'avoir déjà vu à l'âge de cinq ans des pommes tomber de l'arbre et de savoir, depuis cet âge, que le soleil ne tombe pas sur la terre.

Quand a-t-on observé qu'un changement des concepts religieux ait précédé et influencé un heureux changement dans le développement de la culture scientifique ? N'est-ce pas plutôt l'extension des sciences, leur esprit d'examen qui a toujours entraîné à sa suite une *Aufklärung* des concepts théologiques, même si les gardiens de ceux-ci s'y sont opposés de la manière la plus véhémente ?

*
* *

FRAGMENT 3

EN DEHORS DE L'ENSEIGNEMENT ORAL

Outre l'enseignement oral, dont l'influence est toujours très limitée et qui ne porte tout d'abord que sur le lien que la nature a noué avec nous, seuls les textes écrits ont en général une efficacité. L'instructeur monte sur une chaire invisible, il fait face au public tout entier et profite de ce qu'on ne le voit pas pour décrire dans les termes les plus crus la dépravation morale de ce public. Il le traite avec peu d'égards, d'un ton qu'il n'emprunterait pas pour parler à l'homme le plus méprisable. On a rarement vu, sauf par nécessité officielle, un moraliste qui n'ait pas eu à cœur de dire son fait à un public très honorable par sa classe et par ses dignités – et ce, sans qu'on l'ait convoqué, simplement parce qu'il est poussé par son sentiment intime, sa vocation d'améliorer les hommes ; car c'est de ce groupe de gens qu'il a abstrait les traits qu'il leur dépeint, si son tableau n'est pas un simple radotage, et s'il n'use pas de charlatanisme théorique. Un enseignement qui s'adresse à un peuple peut s'orienter diversement selon le génie et le ton. Socrate vivait dans une république où chaque citoyen s'entretenait librement avec les autres et où une urbanité délicate régissait les relations même au sein du petit peuple. Au cours de son entretien, il sermonnait les gens de la manière la plus naturelle qui soit ; il entamait une conversation normale, sans le moindre ton didactique, sans donner l'impression de vouloir instruire, et il la développait imperceptiblement en une leçon morale : celle-ci s'imposait d'elle-même, et elle ne pouvait paraître importune même aux yeux d'une Diotima. Les Juifs, en revanche, ont été, depuis l'époque de leurs ancêtres, familiarisés aux harangues rudes de leurs poètes nationaux ; leurs oreilles étaient accoutumées aux sermons moralisateurs dans les synagogues ainsi qu'au ton direct de l'enseignement ; leurs savants, leurs chamailleries de pharisiens les avaient habitués à ce qu'on réfute durement les adversaires. C'est pourquoi, même si elle ne venait pas d'un pharisien ou d'un saducéen, une apostrophe comme « vous, serpents et races de vipères » n'avait pas à leurs oreilles une résonance aussi dure qu'à celles des Grecs.

Il faut croire que même l'homme qui a bénéficié des meilleures conditions et qui a reçu l'éducation la plus remarquable, n'aura de cesse qu'il ne travaille toute sa vie à sa perfection intellectuelle et morale. Et celui qui est dénué de prévention, qui travaille à cette perfection, n'en finira jamais ou ne pensera jamais l'avoir atteinte dans la diversité de ses relations avec d'autres gens, relations nouées par le hasard ou sa propre activité de vouloir s'instruire. Et c'est encore plus vrai dans l'enchevêtrement des relations de notre vie civile, ou même la probité la plus éprouvée se trouvera souvent prise dans une collision équivoque de devoirs : par exemple entre l'équité et la pitié dans un cas singulier et des principes généraux de justice, ou du moins des droits prescrits. Dans cette vie civile, l'intelligence a également le devoir d'agir avec plus de prudence quand elle ne s'occupe pas de ses affaires personnelles, mais qu'elle contribue à promouvoir à plus ou moins grande échelle le bien-être d'un plus grand nombre de personnes. C'est pour cette raison qu'un Nathanaël a par conscience préféré se retirer de ces relations, afin de ne pas faire violence à son cœur, ou pour s'épargner les embarras. Car si les relations sont diverses, les devoirs le seront aussi, et ils seront d'autant plus simples que les premières le sont. Il est en général plus difficile de sortir de ces relations que de ne pas y entrer, de même qu'il est plus aisé de se priver de certains besoins que d'y renoncer volontairement. Diogène n'avait aucune difficulté à être un homme moral parfait, et il pouvait revendiquer le titre de « grand homme », car son tempérament se contentait d'un verre d'eau et d'un maigre morceau de pain, et son orgueil se satisfaisait d'un manteau déchiré au lieu d'un manteau de pourpre. Il n'était donc lié par aucun devoir important vis-à-vis d'autres gens : ni en tant qu'ami, ni en tant que père ou par héritage ; son seul devoir était de ne pas frapper ni de voler son prochain – et il ne risquait pas de succomber à la tentation de le faire. Il avait donc tout le loisir de s'adonner à d'autres choses.

Ni un Christ, ni un Socrate ne sont apparus parmi les Romains. A l'époque de leur puissance, alors qu'*une seule* vertu était en vigueur, aucun Romain n'aurait éprouvé d'embarras à connaître son devoir : il n'y avait à Rome que des Romains et non des hommes. En Grèce, par contre, on cultivait les *studia humanitatis,* les sentiments et les goûts humains, les arts ; on pouvait s'écarter diversement de la nature, un Socrate ou d'autres sages nous y reconduisaient. S'écarter de la nature romaine constituait un crime d'État. Il est plus aisé de juger ce qui se rapproche ou s'écarte de la perfection lorsque des hommes l'ont définie, ou qu'ils ont relié à la vertu quelque chose d'objectif au service de quoi même les passions pouvaient devenir des vertus. C'est plus aisé que lorsque règne un intérêt supérieur : car dans la mêlée de devoirs divers qui s'oppposent – ou dans le renforcement des goûts et des devoirs humains –, il est infiniment plus malaisé de distinguer la vertu ainsi que les limites de l'assujettissement de la nature à la raison.

*

* *

FRAGMENT 4

LE CHRIST AVAIT DOUZE APÔTRES

Le Christ avait douze apôtres, douze était un chiffre fixe, invariable. Il avait plusieurs disciples mais seuls les apôtres jouissaient de son intimité. Ils avaient tout quitté, ne vivaient que de sa fréquentation et de son enseignement. Ils s'efforçaient de lui ressembler autant que possible ; et à longueur de jour, ils cherchaient à s'emparer de son enseignement, de son exemple vivant, de son esprit. Combien au début leurs attentes, leurs espoirs et leurs idées étaient terrestres et étroitement juives ! Et combien de temps leur fallut-il pour élever, élargir leur regard et leur cœur, abandonner l'idée d'un messie juif, fondateur d'un empire où ils auraient reçu les titres de généraux et de maréchaux de cour ! Ils n'avaient plus que l'ambition de devenir citoyens du Royaume de Dieu. Le Christ ne se contentait pas d'avoir des disciples comme Nathanaël, Joseph d'Arimathie, Nicodème etc…, c'est-à-dire de nouer des correspondances de pensée avec des hommes au cœur et à l'esprit excellents. Il ne se contentait pas d'avoir jeté dans leur âme quelques nouvelles idées, quelques étincelles qui sont perdues si elles ne tombent pas dans un bon récipient, si celui-ci ne contient pas lui-même le combustible. Des hommes heureux et satisfaits le soir au sein de leur famille, actifs et utiles dans leur cercle d'influence, qui connaissent d'autre part le monde et ses préjugés et qui, malgré leur sévérité, sont encore tolérants envers ce monde, n'auraient pas accepté de devenir des aventuriers. Le Christ dit que le Royaume de Dieu ne se révèle pas à travers des gestes extérieurs : il semble donc que ses disciples n'aient pas compris son commandement : « allez dans le monde entier et baptisez-les ! », car ils ont donné une nécessité universelle au baptême, qui n'est qu'un signe extérieur. Cette attitude est d'autant plus préjudiciable que les distinctions qui reposent sur des signes extérieurs entraînent le sectarisme, l'éloignement des autres ; de même qu'en général on affaiblit la différence fondée sur la moralité et qu'elle perd pour ainsi dire son pouvoir éclairant, si on y ajoute encore d'autres différences. Quand le Christ dit : « celui qui croit » cela ne signifie pas du tout « celui qui croit *en moi* ». Qu'on le comprenne ainsi ou non, c'est ainsi toutefois que les apôtres l'ont interprété ; et le « schibboleth » de leurs amis, des citoyens de leur royaume de Dieu n'était pas la vertu et la probité, mais le Christ, le baptême etc…« Ah si le Christ n'avait été un homme aussi bon ! » [1].

Socrate avait toutes sortes de disciples ou mieux : il n'en avait aucun. Il était simplement professeur et maître, ce que tout homme est pour son prochain s'il se distingue par une probité exemplaire et une raison éminente. On n'a jamais entendu Socrate prêcher du haut d'une chaire ou au sommet d'une montagne – comment en Grèce, un Socrate eût-il pu avoir l'idée de prêcher ? Son but était d'enseigner aux gens, de les éclairer et de les encourager en cela même qui éveillait leur grand intérêt. Il n'était pas rémunéré pour sa sagesse ; et c'est encore par amour de la sagesse qu'il n'a pas chassé sa méchante femme pour ne plus devoir s'en occuper ; il conserva son état d'époux et de père sans témoigner d'aversion, ni endommager sa sagesse.

Le nombre de ses amis intimes n'était pas défini : le treizième, le quatorzième étaient tout aussi bienvenus que les premiers s'ils leur ressemblaient par l'esprit et le cœur. C'étaient ses amis, ses élèves, mais chacun demeurait pour soi ce qu'il était : Socrate ne vivait pas en eux, il n'était pas la tête dont eux, les membres, auraient reçu le fluide vital. Il n'avait pas de modèle dans lequel il eût voulu couler leur caractère, ni de règle qui aurait effacé leurs différences ; seuls de petits esprits se seraient présentés à lui dans ce but, et s'il les accueillait, il n'en faisait pas ses amis les plus intimes. Il ne lui importait pas de se

---

[1] LESSING, *Nathan le Sage*, acte II, scène 1.

constituer un petit corps de gardiens, vêtus d'un même uniforme, qui auraient accompli les mêmes tâches, qui n'auraient eu qu'une seule parole et qui, tous ensemble, n'auraient formé qu'*un* seul esprit et auraient pour toujours porté son nom. Certes, il y a eu des socratiques, mais il n'y a jamais eu de corporation avec un signe distinctif, comme chez les maçons le marteau et la truelle. Chaque disciple était son propre maître. Nombreux sont ceux qui ont fondé leur École, plusieurs sont devenus de grands généraux, des hommes d'État, des héros en tout genre, mais jamais d'une seule et même espèce : chacun dans son domaine. Et ils n'étaient pas les héros du martyre et de la souffrance, mais de l'action et de la vie. En outre celui qui était pêcheur restait pêcheur ; personne ne devait quitter sa maison et ses biens. Avec chaque homme, Socrate commençait à partir de son métier, il le conduisait par la main jusqu'à l'esprit. Lorsqu'il s'entretenait avec un homme, il partait des choses les plus familières à cet homme, il puisait dans son âme les concepts qu'il développait et qui n'avaient besoin que d'une accoucheuse. Personne n'a jamais eu l'occasion de dire : comment, n'est-il pas le fils de Sophronikos ? D'où lui vient cette sagesse qu'il s'avise de nous enseigner ? Il n'offensa personne par de grands airs, une suffisance ou des discours élevés et mystérieux qui n'en imposent qu'aux ignorants et aux crédules, car il eût fait l'objet de la risée des Grecs.

Socrate n'est pas mort comme Maupertuis dans une défroque de capucin en prenant la Sainte Communion, mais il est mort en Grec, en sacrifiant un coq à Esculape [2]. Avant de mourir il a parlé avec ses disciples de l'immortalité de l'âme, comme un Grec parle à la raison et à l'imagination – il a parlé d'une manière si vivante, il leur a montré cet espoir de tout son être avec une très grande conviction car ils avaient tout au long de leur vie rassemblé les prémisses de ce postulat. Cet espoir – non pas une certitude : s'il devait se transformer en certitude, ce serait une contradiction avec la nature humaine et le pouvoir de son esprit –, Socrate l'a vécu jusqu'au point où l'esprit humain, oubliant son compagnon mortel, peut s'élever. Il aurait pu, sous forme d'esprit, sortir de sa tombe, nous porter la nouvelle de la Vengeresse[3] et nous donner plus à entendre que les Tables de Moïse et les oracles des prophètes que nous portons en notre cœur ; et si cela avait contredit les lois de la nature humaine, il n'aurait toutefois pas eu besoin de les renforcer par sa résurrection. L'espoir de l'immortalité

---

[2] Sur le sens que revêtait aux yeux du jeune Hegel ce sacrifice d'un coq par Socrate, cf. R.LEGROS, op. cit. , p. 302, note 16.

[3] Allusion à l'ode de SCHILLER : *Résignation* (vers 64-65). Dans son étude sur *La Positivité de la religion chrétienne,* Hegel cite la strophe 12 de ce poème (op. cit. , p. 100).

n'est faible que pour les esprits mesquins : pour ceux qui ne portent pas vivantes en eux les prémisses de cet espoir, les idées de la vertu et du bien suprême. Socrate n'a pas laissé de signe maçonnique, il n'a pas ordonné qu'on proclame son nom et n'a pas donné de méthode pour sermonner l'âme et répandre en elle la moralité. L'ἀγαθόν naît en même temps que nous, on ne peut le prêcher. Pour perfectionner les hommes dans le bien, il n'a indiqué aucun détour (pas de fleurs dont les parfums montent à la tête) [4] qui devrait passer *par lui*, où il serait le point central, la capitale où il faudrait voyager péniblement et d'où il faudrait rapporter chez soi, pour la faire fructifier, la nourriture gracieusement octroyée. Il n'a pas laissé d'*ordinem salutis* où chaque caractère, chaque classe, chaque âge et tempérament auraient à parcourir certaines stations déterminées de la souffrance, certaines étapes spirituelles, mais il a frappé directement à la bonne porte, sans médiateur, il a simplement conduit l'homme en lui-même, là où celui-ci ne devait pas accueillir un hôte étranger, un esprit venu de pays lointains ; il devait simplement créer la lumière et créer l'espace pour son ancien maître, que la foule des fifres et des violoneux avait contraint de se retirer dans une petite mansarde délabrée.

*
* *

FRAGMENT 5

LES CONSTITUTIONS DES ÉTATS ET L'ESPRIT ENFANTIN D'ORIGINE

Les Constitutions des États, les législations et les religions des peuples portent encore longtemps en elles les traces de leur esprit enfantin d'origine, même quand celui-ci s'est volatilisé depuis très longtemps. Même si le peuple a depuis longtemps cessé d'être une famille et que le prince n'est plus un père, le pouvoir reste encore dans les mains d'un seul individu à qui on l'a confié de manière enfantine, comme une famille le confie à un père. Dès qu'ils ont commencé à se développer, les peuples ont bientôt senti qu'on abusait de leur confiance enfantine en ce qui concerne la législation et la Constitution, et ils ont limité par certaines lois la bonne ou mauvaise volonté de ceux qui détenaient le pouvoir. L'esprit enfantin s'est maintenu plus longuement dans les religions et celles-ci en gardent encore des traces,

[4] Cf. LESSING, *Nathan le Sage,* Acte III, scène 1.

alors qu'au sein des États, depuis longtemps, on n'attend de chacun que le bien qui lui est permis ou ordonné de faire.

Cet esprit enfantin dans la religion voit en Dieu un maître tout puissant dont les goûts et les passions sont aussi soumis à ses humeurs (« Dieu se repose »), à la manière de ceux qui dominent parmi les hommes. Ce Dieu ne punit pas toujours ou n'accorde pas la félicité selon les règles du droit : on peut donc le flatter et on éprouve à son égard plus de crainte ou au mieux de respect, que d'amour. Comme par le passé, et comme c'est encore d'usage chez les princes orientaux (et comme le pratique encore maintenant l'innocence vis-à-vis de ses protecteurs et amis), on lui offre une partie des dons que la nature fait aux hommes – la bonne humeur et la satisfaction –, et on lui réserve souvent les offrandes les plus belles et les plus précoces en guise de tribut volontaire de la confiance et de la joie. L'imagination croit différamment en Dieu selon les lieux ; il lui semble qu'Il préfère séjourner ici ou là auprès des gens honorables, là où se loge l'innocence (comme chez Baucis) ; ou bien c'est Dieu qui lui fait apparaître ces lieux, ces gens plus saints et plus dignes d'honneur (σεμνοί, πελώριοι). L'entendement enfantin voit en ce même et unique Dieu l'origine immédiate des orages, des inondations, de la peste, de la mer houleuse, des rochers menaçants, et l'imagination enfantine transfère en lui les affaires et relations de la vie humaine *.

C'est cet esprit enfantin qui est à l'origine des institutions, des coutumes et des représentations religieuses (surtout les sacrifices, les prières, l'expiation). La raison trouve ces pratiques bien souvent bizarres, ridicules et méprisables, surtout quand elle voit que le besoin de domination trompe le cœur des hommes bons. Elle estime que ces pratiques sont toujours indignes, alors que pour l'esprit et l'imagination qui ont conservé cet esprit enfantin, elles sont souvent agréables, souvent sublimes, et même souvent émouvantes au plus haut degré. La tradition sanctifie et fructifie ces coutumes et ces institutions. En outre, l'intérêt de beaucoup de gens s'y entremêle de manières si diverses, que la plus grande dégénérescence, d'une part, et les progrès de la raison, d'autre part, se rejoignent pour bannir, par de violentes secousses, ce système tissé dans l'habitude générale de tous les hommes. D'un côté, au plus l'esprit qui flottait à l'origine sur ces institutions se dissipe, au plus les usages et exercices saints deviennent une charge – ce que la piété n'éprouvait pas auparavant -, et plus d'un autre côté la raison gagne du terrain, plus ces usages sont proches d'une disparition certaine. La piété qui porte les dons et les sacrifices aux temples de la divinité (ou qui se soulage le cœur par l'expiation, les mortifications, le jeûne, et les longues prières violentes), qui s'exalte

---

* Dieu descendit du ciel pour voir Sodome et Babel.

dans des sensations mystiques, dans les pieux sentiments de l'amour, cette piété est incompatible avec la raison qui exige qu'on agisse par devoir. Avec les progrès de la raison, se perdent continuellement bien des sentiments; des associations de l'imagination autrefois émouvantes sont à présent affaiblies, ainsi ce que nous nommons la simplicité des mœurs, dont les tableaux nous réjouissent et nous émeuvent **. Et il est juste que nous regrettions leur perte. Des traces de tout cela, des traits secrets subsistent encore toujours, en dehors de ceux qui sont liés aux tendances et aux passions humaines ; et l'homme qui veut être totalement rationnel sera pour ainsi dire souvent étonné dans son humanité. Pourquoi aurait-on de nos jours visité avec tant d'assiduité et vendu à un tel prix des reliques de Frédéric le Grand et de Rousseau ?

Ce sont ces traits qui nous rendent si attirantes, par exemple, les scènes de chevalerie, en plus de leur bravoure et de leur loyauté. Et lorsqu'on est âgé, on confond la disparition de ces associations avec celle des mœurs elles-mêmes, ce qui provoque des plaintes. Il n'y a pas de spectacle plus émouvant et bienfaisant que la simplicité des mœurs quand elle est encore générale dans un peuple, quand tout est encore aussi sacré pour les princes et pour les prêtres que pour le peuple tout entier ; c'est le bonheur des indigènes des îles du Sud et peut-être celui des Péruviens avant la bataille d'Athahualpa et de Huaskar. Mais lorsqu'une classe – celle des dirigeants, celle des prêtres ou les deux – perd cet esprit de simplicité qui fondait et animait jusqu'alors les lois et les ordres, non seulement cette perte est irrémédiable, mais l'oppression, le déshonneur, la déchéance du peuple sont alors assurées (c'est pour cette raison que le fait que les classes s'isolent représente déjà un danger pour la liberté car il peut en résulter un *esprit de corps* [1] qui s'opposera bientôt à l'esprit du Tout). Lorsqu'on n'impose même plus de sacrifices, ni de rites d'expiation à un peuple qui en avait auparavant l'habitude, le Tout ne constitue plus une communauté qui se présente unanime – au sens propre – devant les autels de ses dieux ; elle n'est plus qu'une masse de laquelle ses chefs arrachent des sentiments pieux qu'eux-mêmes ne ressentent pas, comme un prestidigitateur arrache l'admiration aux badauds sans rien admirer lui-même, ni même simuler qu'il participe à leur étonnement, alors que ceux-ci feignent la sympathie par leur attitude, leur visage, et leurs paroles. Le spectateur désintéressé trouvera ce contraste d'autant plus scandaleux s'il est touché par la simplicité et l'innocence de la foule ; le spectacle du peuple recueilli, des regards dirigés vers le

---

** Le *lucus* n'est plus qu'un tas de bois et le temple qu'une masse de pierres semblables à tant d'autres.

[1] En français dans le texte.

ciel, des mains jointes, de la génuflexion, du profond soupir, et la prière ardente submergerait irrésistiblement le cœur du spectateur d'une pure chaleur, si les acteurs principaux du jeu n'ajoutaient de l'amertume à ces sentiments.

A quoi le peuple reconnaîtra-t-il que ses prêtres ont dans leur service religieux d'autres intentions que celle d'accroître sa piété et qu'ils n'abusent pas de sa confiance en eux ?

L'origine de la possibilité de cette dégénérescence réside bien en ceci : l'objet de la religion est quelque chose de mystérieux, la plupart des religions, surtout les religions basées sur des signes extérieurs, avaient leurs mystères qui étaient secrets ou connus de tous, et pour en être les dépositaires, certaines qualités, certains préparatifs étaient requis, qui distinguaient ces prêtres. Comme ils étaient plus proches du sanctuaire, ils bénéficiaient d'une partie de la vénération qu'on dédiait à celui-ci. Ces prêtres devaient organiser les fêtes religieuses (la religiosité présidait à chaque fête de la nation), et on confiait à leur conscience les présents destinés à la divinité ; ils devaient les recevoir, les garder ou en faire usage.

Donc un peuple qui désire organiser son service religieux public de telle sorte que la sensibilité, l'imagination et le cœur soient touchés – sans que la raison en sorte vide –, qui désire que son recueillement naisse de l'activité commune et d'une élévation de toutes les forces de l'âme, et que la beauté et la joie éclaircissent la représentation du devoir strict et la rendent plus accessible, ce peuple organisera lui-même ses fêtes, il utilisera lui-même ses oboles s'il ne veut pas, par ses sentiments remettre le gouvernail dont il dépend dans les mains d'une classe d'hommes. Et si ses institutions nationales emplissent sa sensibilité, étonnent (frappent) son imagination, émeuvent son cœur, et satisfont sa raison, son esprit n'éprouvera aucun besoin, et il ne se satisfera pas en prêtant l'oreille tous les sept jours à des phrases et des images qui n'étaient compréhensibles et n'étaient à leur place qu'en Syrie il y a quelques milliers d'années.

*
* *

FRAGMENT 6

LA RELIGION OBJECTIVE ET
LES INSTITUTIONS DE L'ÉTAT

L'histoire de la religion objective depuis la naissance du Christianisme nous montre à quel point elle s'est peu organisée pour elle-même sans l'aide des institutions correspondantes de l'État et du gouvernement. Elle a à peine pu maîtriser la corruption de toutes les classes, la barbarie des époques, les préjugés grossiers des peuples. Les adversaires de la religion chrétienne ont lu, le cœur empli de sentiments humains, l'histoire des croisades, de la découverte de l'Amérique, du commerce des esclaves qui est encore en pratique de nos jours ; ils ont lu non seulement l'histoire de ces brillants épisodes où la religion chrétienne a parfois joué un rôle remarquable, mais ont encore observé toute la chaîne de la dépravation des princes et de la déchéance des nations, et à cette lecture, leur cœur saignait. Ils ont alors opposé à ces faits les exigences de perfection et d'utilité générale, et d'autres déclamations du même ordre tenues par ceux qui enseignent et servent les religions ; et la rancœur et la haine les ont sans doute submergés à l'égard de cette religion, tandis que les défenseurs de cette dernière ont souvent attribué cette haine à une méchanceté maléfique du cœur. A ces peintures brillantes et frémissantes des cruautés et de la misère qu'a suscitées le zèle pour une religion particulière (ce que les adversaires de la religion chrétienne n'ont cessé de montrer de toute la force de leur pinceau et de l'acuité de leur esprit), ses défenseurs ont rétorqué que ces armes étaient déjà usées et qu'on avait depuis longtemps infirmé les raisons sur lesquelles elles s'appuyaient. Ils donnent surtout à entendre que ce désastre n'aurait pas eu lieu si, pour le bonheur de l'humanité, leurs *compendia* avaient déjà existé.

Mais les papes et les cardinaux, Kucupeter [?] et les cléricaux de l'époque n'avaient-ils pas Moïse et les prophètes, ne pouvaient-ils les entendre, n'avaient-ils pas cette même source pure de la morale que nous possédons encore de nos jours ? Etait-elle incomplète ? N'était-elle pas en mesure – je ne dirais pas d'améliorer – mais du moins de canaliser les mœurs, de retenir la grossièreté du peuple et d'exercer une grande influence sur cette classe d'hommes qui ont consacré toute leur vie à sa connaissance et à son élaboration ? N'était-elle pas capable de tempérer le besoin de domination des prêtres, lesquels commettent de grandes imprudences ou de petites vilainies, alors que cette classe d'hommes fait enseigne d'humilité spirituelle, qu'ils lisent chaque jour la récompense et les recommandations de ces vertus dans les doctrines de l'homme auquel ils ont consacré toute leur vie ? Y a-t-il un seul vice dont ils n'aient fait une mode et que leur Seigneur et maître n'ait pourtant interdit ? Ces époques où les pères spirituels ont guidé les princes, et les chefs religieux les pays, ne furent-elles pas les plus misérables ?

Mise sur les plateaux d'une balance, combien l'organisation tout entière du salut est légère, comparée à cette érudition détaillée. Comment dire ? Celle-ci est comprimée dans les crânes, alors que les passions, la force des circonstances, de l'éducation, des exemples et du gouvernement laissent se dissiper cette organisation du salut.

On prétend que la religion chrétienne vise et qu'elle a pour effet l'amélioration morale et l'effort de plaire à Dieu; mais si l'on veut pratiquer la vraie religion, la véritable foi, il faut ou bien qu'on plaise déjà à Dieu de sorte qu'il nous offre lui-même la véritable foi, ou bien que l'on soit déjà si bon moralement, qu'on haïsse le mal et qu'on aspire à la justice ; ce qui veut dire que dans la religion chrétienne, on ne peut devenir bon si on ne l'est déjà.

Montesquieu [Esprit des Loix] (24, ch. 2) :

« C'est mal raisonner contre la religion, de rassembler dans un grand ouvrage une longue énumération des maux qu'elle a produits, si l'on ne fait de même celle des biens, qu'elle a faits. Si je voulois raconter tous les maux qu'ont produits dans le monde les loix civiles, la Monarchie, le gouvernement républicain, je dirois des choses effroyables !»

Parmi les commandements que le Christ a faits à ses disciples et à ceux qui l'écoutaient, il y en a beaucoup dont l'exercice serait inutile ou même préjudiciable si on les appliquait selon la lettre et non selon l'esprit de la vertu ; la législation d'un État par exemple, où les mœurs régissent plus que les lois, serait incomplète et inutilisable dans un autre État où l'on peut faire tout ce que les lois n'interdisent pas. Bien des commandements édictés par le Christ s'opposent donc aux premiers fondements de la législation des sociétés civiles, aux principes du droit de propriété, de la défense personnelle. Un État qui introduirait de nos jours les commandements du Christ, se désintégrerait rapidement : il ne pourrait appliquer que les commandements extérieurs, car l'esprit lui-même ne peut faire l'objet d'un commandement. Si un homme dont on a volé le vêtement a pu sauver son gilet et son pantalon, on n'a jamais entendu qu'un théologien chrétien lui ait reproché de ne pas les avoir abandonnés. Et lors du serment par lequel les prêtres reconnaissent le commandement formel qu'a posé le Christ, ce sont eux qui doivent jouer le rôle le plus solennel.

Qu'est-ce qui a principalement suscité la haine des scribes et les conseils que les Juifs ont tenus contre le Christ ? N'était-ce pas son comportement individuel qui enfreignait non seulement les habitudes sacrées mais aussi les lois civiles, tantôt quand il agissait lui-même, tantôt quand il jugeait les actes d'autres gens ? Lorsqu'il était question de savoir comment juger un cas selon les lois du tribunal, le Christ attaquait les dépositaires de ces lois, et si ces derniers avaient vraiment été des hommes irréprochables, s'ils avaient été entièrement d'accord avec le Christ, ils n'auraient pas dû juger selon cette idée, mais bien selon les lois. Le juge doit souvent parler autrement que l'homme ; il doit souvent condamner ce que celui-ci excuse.

Il ressort donc de ce qui précède que les doctrines de Jésus, ses principes ne convenaient et n'étaient destinés qu'à la formation des individus. Il a conseillé au jeune homme qui lui deman—dait : « Maître, que dois-je faire pour être parfait ? », de vendre ses biens et de les distribuer aux pauvres : on peut s'imaginer faire de cet exemple le principe d'une petite communauté, d'un minuscule village, mais il conduirait à des conséquences trop absurdes si on venait à l'appliquer à un peuple plus grand. Ou si une communauté se fondait, comme les premiers Chrétiens, au sein d'un autre peuple, en adoptant pour principe cette loi de la communauté des biens, l'esprit de cette loi disparaîtrait au moment même de son institution ; car celle-ci, par son côté obligatoire, suscite l'envie de faire des cachotteries, comme c'est arrivé à Anania, et, de surcroît, elle limite le bienfait de cette résignation à ses seuls membres, à ceux qui pratiquent ces usages et jouissent de signes distinctifs, ce qui est contraire à l'esprit de l'amour des hommes, qui répand sa bénédiction aussi bien sur ceux qui sont circoncis que sur ceux qui ne le sont pas, aussi bien sur ceux qui sont baptisés que sur ceux qui ne le sont pas.

*
* *

FRAGMENT 7

UNE VIOLENCE PUBLIQUE QUI PÉNÈTRE LE LIEU SACRÉ

... une violence publique qui se permet de pénétrer le lieu sacré du cœur où seul l'ami a accès. Il s'agit à présent d'expliquer les intentions qu'on peut recueillir au hasard des circonstances.

La prétention de sonder les cœurs, de juger et de punir les consciences, a pu s'infiltrer peu à peu et sans difficulté : elle était déjà en germe à l'origine du Christianisme, et fut étendue – à tort, car elle n'est adaptée qu'à une petite famille – à la société civile ; elle s'est fixée de manière incroyable (car il semble bien incroyable que des hommes puissent à ce point oublier leurs droits sans même en éprouver la perte) et a donné lieu aux excès les plus scandaleux d'institutions violentes et de séduction de l'humanité : confessions, excommunications, pénitences, et tout le cortège des témoignages déshonorants de l'avilissement de l'humanité. Pour établir leurs principes doctrinaux, les réformateurs ont voulu suivre l'enseignement du Nouveau Testament, et pour organiser la police chrétienne, la police de l'Église, ils se sont inspirés de la simplicité de l'Église primitive. (Ils croyaient en effet qu'on ne pouvait exercer la religion sans des institutions policières : ils n'ont pas pensé à opposer au pouvoir des princes le contre-poids de celui de l'Église qui protège la liberté de conscience, et ils ont assujetti le Christianisme à la puissance temporelle). C'est pourquoi ils ont finalement confondu les institutions que nécessite la religion du peuple en vigueur avec les lois privées d'une société partielle, d'un club. Comment auraient-ils pu abandonner l'idée d'une Église qui est une sorte d'État dans l'État, s'arracher à une communauté visible et uniforme et rompre le lien à un *ritus* déterminé ? A quel point, par exemple, Luther était éloigné de l'idée d'honorer Dieu en esprit et en vérité, ses pénibles querelles avec Zwingle, Œcolampade, et d'autres le montrent. Il a retiré aux prêtres le pouvoir de dominer par la force ainsi que leur pouvoir sur les fortunes, mais il a voulu maintenir le pouvoir sur l'opinion. Le prince et la prêtraille de cour, tuteurs de leur peuple, ont donné à leurs enfants des précepteurs qui les tenaient en laisse et les menaçaient de les dresser au fouet, le cas échéant. On a donc conservé, en plus des peines politiques, les châtiments de l'Église, les pénitences et les confessions. On a supprimé la véritable confession auriculaire mais les prêtres ont gardé leur rôle de confesseur pour venir en aide aux consciences inquiètes, dont l'imagination était constamment assaillie et surtout angoissée. On a reconduit la religion à l'amélioration du cœur, à la pénitence et à la conversion, mais on n'en est pas resté à ces expressions générales d'un état d'esprit, qui au fond diffèrent dans le cœur de chaque homme selon le tempérament, l'inclination, l'imagination ; on a au contraire démonté ces états d'esprit au point qu'on s'est abandonné jusqu'à devenir le jouet des sentiments. On a présenté ces états d'esprit comme quelque chose de tangible ou qui tombe sous le sens, dont on peut savoir qu'ils se produisent ou qu'ils existent aussi aisément qu'on regarde sa montre ou qu'on sait qu'il est douze heures. On en a donné une description psychologique détaillée, comme si ces états étaient semblables en chaque homme ; on les a classés, rassemblés artificiellement, non pas selon une véritable connaissance du cœur humain, mais selon des préjugés théologiques au sujet de la corruption innée de la nature humaine, auxquels on a ajouté une exégèse ridicule, dénuée de toute connaissance de l'homme. On a sans arrêt crié ou sussuré tout cela à la mémoire ou à la conscience de l'homme du commun, et cette pâte douce-amère devait nécessairement corrompre ses humeurs saines, fortes et actives. D'innombrables malentendus devaient naître à propos de ses propres inclinations et émotions, ainsi qu'une angoisse désordonnée de sa conscience : une angoisse tellement désordonnée qu'une fade sensiblerie devait remplacer la plénitude des sentiments, et que sa force d'action devait faire place à un ramassis de mots mal digérés, une attention à soi, une humilité feinte, une vanité de l'esprit qui ne se préoccupe que de lui-même et de ses émotions et qui peut bavarder à l'infini à propos de ses sentiments, ses victoires et tentations inquiètes . Les prêtres devaient certes dissiper à présent de nombreux doutes, fortifier contre les tentations, avertir des mauvaises influences du mal, consoler des souffrances que le monde et· les tentations de Satan infligent, ainsi que les mauvais désirs et la concupiscence. Leurs patients ne pouvaient supporter l'air frais, ils ne vivaient que de fades bouillons et de préparations du pharmacien, ils tenaient un journal au sujet de chaque vent qui pressait leurs entrailles, chaque éternuement, chaque toussotement, et ils ne s'occupaient que d'eux-mêmes : ils présentaient leurs tisanes à celui qui leur demandait leur aide ou ils le renvoyaient à la protection divine. On le voit dans les *Compendia* [1] théologiques : ceux-ci fournissent principalement la connaissance des processus psychologiques, de la manière de faire

1 Cf. note 1 du frag. 2.

surgir certains états d'âme, et non pas la connaissance de la véritable religion. Ceci est conforme au principe que ce qui importe le plus, ce sont la pénitence et la conversion ; les détours les plus inattendus y conduisent, et il n'est pas étonnant qu'on s'y perde et qu'on n'atteigne pas le but fixé. Ces pensées de l'amélioration ainsi que du chemin qui y conduit, sont à ce point développées, divisées en tellement de stations et décorées d'une telle quantité de noms étrangers qui n'expriment rien – mais quels mystères et importance ne semblent-ils pas recéler, par leur étrangeté et leur variété, depuis la *gratia applicatrix* jusqu'à l'*unio mystica* –, qu'on n'y reconnaît plus les choses les plus simples ; et si on examine le tout avec des yeux sains, à la lumière, on éprouvera de la honte à la pensée que tout cet art, toute cette érudition, s'appliquent à quelque chose que le sens commun comprendrait en un quart d'heure. Notre époque a découvert qu'on ne pouvait forcer la religion subjective à entrer dans le carcan de la dogmatique et que la religion objective en reprenait la partie essentielle : des doctrines qui, si elles ne sont pas toujours destinées à la raison, entretiennent néanmoins la mémoire et l'entendement. On n'a pas ajouté cette discipline ecclésiale des chrétiens aux statuts de la société chrétienne après sa naissance, mais elle fait déjà partie, nous l'avons vu, de la toute première esquisse de cette société ; le besoin de domination et l'hypocrisie l'ont ensuite exploitée et répandue. Même si les traces d'un usage grossier de cette discipline s'atténuent, son esprit est encore infiniment présent au sein de la société chrétienne, qui nous donne un exemple parmi d'autres de ce que, si l'on étend à la grande société civile l'organisation et les lois d'une petite société dont chaque citoyen a la liberté d'être ou non le membre, ces lois et dispositions ne sont plus adéquates et ne peuvent coexister avec la liberté civile.

*
* *

FRAGMENT 8

AINSI DANS UN ÉTAT OÙ DES VOLONTAIRES ASSUMENT LA DÉFENSE DE LA PATRIE

Ainsi, dans un État où chaque citoyen n'est pas le défenseur naturel de sa patrie, mais où il y a suffisamment de volontaires qui assumeront cette tâche en échange d'une rémunération, une société peut se constituer avec le but de ne jamais toucher aux armes, de ne jamais participer aux guerres dont elle connaîtra tout aussi peu les injustices qu'elle ne profitera des avantages qu'offre un état vainqueur. Cette société ne se croira jamais autorisée à vouloir le meurtre d'autres hommes et elle n'opposera aux violences qui se produisent isolément, que la patience et la soumission. Mais quand cette société se développe en un État, elle ne peut conserver ses maximes dans leur généralité, si elle ne veut s'exposer au danger de confier, en réprimant tout sentiment naturel, la construction tout entière du bonheur de tout le peuple à l'insolence d'une poignée de brigands.

De même que l'exemple que leur entourage développe quotidiennement aux enfants constitue leur meilleure éducation – car si on leur donne des ordres, ils inclineront d'autant plus facilement à la désobéissance et aux caprices ronchonnants –, il en va de même pour l'éducation des hommes à une plus grande échelle. Ceux-ci se rétractent et redoutent (ils ne se prêtent pas, ils se refusent) [1] une religion qui ne fait que les tenir en lisières, qui leur assène un bavardage sur une quantité de vertus et de vices qu'on ne perçoit jamais dans la vie d'une manière aussi *in abstracto* que dans la description donnée par la religion, ou qui ne correspondent pas du tout à la situation humaine. Cette religion exerce, sans qu'ils le sachent eux-mêmes, une influence secrète d'autant plus grande sur eux : même l'homme le plus libre dépend de l'esprit de son entourage. Sinon il serait tout à fait insensible au dénigrement : quand, du haut de la chaire, on conseille, d'une manière générale, une vertu, une pénitence ou une conversion, chacun l'accepte, chacun se laisse sermonner parce que chacun est concerné autant que les autres ; mais fait-on une peinture détaillée et fidèle de la dépravation qui règne, tisse-t-on des traits individuels, alors s'éveillera plutôt un sentiment d'amertume chez celui qui sent qu'on vise ses biens ou son comportement. Il déniera à toute autorité le droit de s'arroger de telles prétentions (On peut conduire les enfants par la simple sensibilité, l'amour ou la crainte, mais l'homme adulte est en outre capable de suivre sa raison. Du moins ne peut-il faire aussi facilement que l'enfant ce qui est bon pour lui, il ne peut simplement plaire aux autres par amour sans d'abord s'assurer que c'est bien). Personne ne supporte que des étrangers se mêlent de ses affaires, surtout de son comportement : et on supporte encore moins ceux qui s'érigent en gardiens publics des mœurs. Ce sont les gens qui ont une ligne de conduite morale et religieuse, qui comprennent le moins celui qui agit selon un cœur pur.

---

[1] En français dans le texte.

*

* *

FRAGMENT 9

DE LA DIFFÉRENCE DANS LA REPRÉSENTATION DES SCÈNES DE LA MORT

La vie tout entière du Chrétien doit être une préparation à ce changement vers lequel même ses désirs sont orientés. Son commerce quotidien avec les images de la mort ainsi que les espoirs en une autre vie devraient apaiser ses craintes et même lui rendre agréable le moment où il quittera la scène de ses activités. Comparées à ces espoirs, les jouissances et les joies de ce monde ne sont pas dignes d'attention ; le Chrétien ne s'y attache pas et il y participe faiblement, seulement comme quelqu'un qui y reste étranger. Il ne craint pas l'instant de la mort, et encore moins la destruction, la cessation de l'harmonie quand l'instrument est cassé, ni même son destin futur ; sa vie entière est une *meditatio mortis*. Il ne songe qu'à l'école de préparation à la vie future : sa vie n'a en soi aucune valeur, si ce n'est en fonction de cette vie future. Qu'est-ce donc que le sacrifice de 50 ou 80 années qui ne sont qu'un instant, comparées à l'existence sans limite, à la durée tout entière de notre existence ? Qui pourrait en 60 années oublier l'horrible alternative : le bonheur éternel ou la damnation éternelle ? Qui, habité par la crainte toujours grandissante de n'être pas digne d'accéder à la vie éternelle de l'âme, ne se réfugierait pas dans ces moyens de clémence que nous offre justement cette même doctrine qui nous fait connaître cet effroi ? Qui n'attendrait pas l'instant de la catastrophe effroyable, le moment où non seulement on se séparera de tout ce qu'on aimait mais aussi où en quelques minutes, quelques heures, on ne verra plus rayonner le soleil, mais scintiller le trône du juge qui décidera pour toute l'éternité de notre destin ? Qui ne rassemblerait pas autour de soi toutes les armes de la consolation en vue de cet instant de l'attente angoissante ? Qui du moins n'emballerait pas en hâte tout l'appareillage spirituel que le temps et la maladie lui octroient, comme un homme qui doit subitement entreprendre un voyage et n'a plus le temps de se préparer ? Ainsi nous voyons les prêtres et amis entourer le lit du moribond, et extirper de son âme oppressée les soupirs prescrits et décrits, et à la fin des remémorations et admonitions nous entendons le refrain *memento mori*. On va chercher au-delà de la tombe les motifs d'action les plus puissants pour pouvoir mourir en beauté pieusement, pour avoir encore suffisamment d'esprit et se rappeler les sentences si péniblement apprises à l'école et pour les réciter entre autres choses.

Les héros de toutes les nations meurent de la même manière, ils ont vécu et appris au cours de leur vie à reconnaître la puissance de la nature. Mais l'insensibilité vis-à-vis de cette dernière, vis-à-vis de son moindre mal, rend aussi inapte à supporter ses plus grands effets. Car pourquoi des peuples qui ont fait de la préparation à la mort la partie centrale, la pierre de touche de toute leur construction religieuse, meurent-ils en général de manière si peu virile, alors que d'autres nations voient s'approcher cet instant sans éprouver de crainte ? C'est comme pour un repas : l'un commencera tôt le matin à faire friser ses cheveux, il revêtira son habit de cérémonie, fera atteler ses chevaux, tout pénétré de l'importance de ce qui l'attend ; il réfléchira tout le temps à son comportement, à la manière dont il mènera la conversation, semblable à un jeune orateur qui craint de mal mener son affaire *. Mais un autre, en revanche, vaquera à ses affaires le matin et ne se rappellera l'invitation qu'au moment de passer à table ; il y arrivera détendu et se comportera avec la même simplicité que s'il était chez lui. Quelle différence entre ces images qui sont passées dans l'imagination de notre peuple et celles qui ont traversé l'imagination des Grecs ! Chez ceux-ci, la mort est un beau génie, le frère du sommeil, éternisé sur les monuments et les tombes ; chez nous, c'est un squelette dont le crâne horrible parade sur tous les cercueils. Pour les Grecs la mort évoquait la jouissance de la vie tandis qu'elle nous en sépare. Elle avait pour les premiers un parfum de vie, elle a pour nous l'odeur de la mort. Lorsque nous nous trouvons au sein d'une société honorable, nous ne parlons ni n'écrivons certaines choses qui touchent à la nature ; de même les Grecs ont transformé la mort, ils ont adouci ses images, tandis que les orateurs et les prêcheurs nous la dépeignent de toutes les couleurs les plus horribles qui soient, car ils veulent nous inspirer la frayeur et nous faire perdre le goût de la jouissance.

---

* Les gens pieux affectent généralement un mépris à l'égard des biens de cette vie – grimace.

*
* *

FRAGMENT 10

PAR RELIGION OBJECTIVE, J'ENTENDS UN SYSTÈME

α) Par religion objective, j'entends le système tout entier de nos devoirs et de nos désirs, liés à l'idée de Dieu et de l'immortalité de l'âme. On peut donc également lui donner le nom de « théologie », à condition que celle-ci ne s'occupe pas uniquement de la connaissance de l'existence et des qualités de Dieu, mais qu'elle le fasse en rapport aux hommes et aux besoins de leur raison.

β) Dans la mesure où cette théorie n'existe pas que dans les livres, et que les hommes comprennent ses concepts, qu'ils éprouvent l'amour du devoir et le respect de la loi morale dans la mesure où l'idée leur donne une force, dans ce cas, la religion sera subjective. Comme la fin immédiate de la législation civile n'est pas la moralité mais seulement la légalité, et qu'on n'a pas créé d'institutions particulières en vue de favoriser le respect de la loi et la disposition à suivre la loi selon son esprit, mais qu'on considère que tout cela fait partie de la religion, nous ne voulons pas non plus séparer l'une de l'autre deux finalités : nous estimons que les institutions religieuses ont pour fin, non seulement de pousser à la moralité au moyen de l'idée de Dieu, mais également la moralité en général.

γ) Toutes les pulsions de la nature humaine n'ont pas pour fin la moralité (par exemple la reproduction), mais celle-ci constitue la fin ultime de l'homme, et l'une des meilleures dispositions humaines qui favorise cette fin morale, est la disposition en faveur de la religion. La connaissance de Dieu ne peut par nature être une connaissance morte. Elle trouve son origine dans la nature morale de l'homme, dans le besoin pratique, et elle est elle-même l'origine de la moralité. Si son but principal était de propager le nom et la célébrité du Christ ou de Mahommet, Orphée ou Homère en Grèce auraient mérité d'être honorés et célébrés au même titre que Jupiter ou Minerve ; et la religion pourrait avec raison être fière de Charles qui a converti les Saxons, des Espagnols qui firent du prosélytisme en Amérique ou de Schulz, l'inquisiteur des Juifs. Si son but principal était d'honorer le nom de Dieu, il n'y aurait pas de meilleurs Chrétiens que les Hirondelles Brigittines, riches en chants ; et le pape lors de la grand-messe à Saint-Pierre serait un objet plus digne de plaire à Dieu que le caporal (Woltemar) qui, lors d'un naufrage, a sauvé treize personnes au prix de sa propre vie, et est mort au service de l'humanité en sauvant la quatorzième.

δ) L'État a pour tâche de rendre subjective la religion objective; il faut que ses institutions s'accordent à la liberté de pensée sans faire violence à la conscience ni à la liberté ; elles doivent agir indirectement sur les motifs qui déterminent la volonté.

Que peut l'État ? Et qu'est-ce qui est du ressort de chaque homme ?

ε) On peut favoriser la moralité, cette fin de la religion,
    a) par des doctrines,
    b) par des cérémonies.

Chaque religion s'est déjà préoccupée de ces deux aspects, et est organisée en fonction de ces deux aspects. L'État par sa Constitution, par l'esprit du gouvernement.

ζ) La religion chrétienne est-elle qualifiée pour ce but ?

La religion chrétienne était originellement une religion privée qui fut modifiée par les nécessités des circonstances de sa naissance, par les besoins des hommes, ainsi que par les préjugés :

a) Ses doctrines pratiques sont pures et ont l'avantage d'être le plus souvent présentées par des exemples.

Car (Math 5/6, etc.) si l'esprit de la moralité est présenté de manière générale et s'il ne se limite pas à la simple forme mais comporte des prescriptions matérielles, la moralité est soumise aux malentendus, et souvent on ne l'a pas comprise.

Les vérités historiques sur lesquelles elle est bâtie : ce qu'il y a d'extraordinaire y est toujours soumis à l'incrédulité; si longtemps qu'elle reste une religion privée, chacun est libre d'y croire, mais si c'est une religion publique, il faut toujours qu'il y ait des incroyants.

On n'y trouvera rien qui soit destiné à l'imagination, comme c'était le cas chez les Grecs : elle est triste et mélancolique, orientale ; elle n'est pas née sur notre sol et on ne pourra jamais s'y adapter.

b) Les cérémonies qui, dans une religion privée ont une finalité, ont entièrement perdu leur sens et leur esprit depuis que la religion est devenue une religion publique.

Elles servent toutefois encore de moyens de grâce, mais elles ne sont pas liées à l'esprit de la joie. Et pourtant, du fait qu'on les a rendues publiques, elles auraient pu favoriser la tolérance, si on n'y avait pas relié avec violence des hypothèses exclusives. Ces cérémonies sont maintenant hélas des signes distinctifs des sectes alors qu'elles auraient pu être le contraire.

c) D'autres commandements en ce qui concerne la manière de vivre :
- Éloignement des affaires de la vie publique.
- Partage des aumônes. S'il est possible de rassembler les biens dans une religion privée, ce ne l'est pas au sein d'un État. Un honneur public est à présent lié à ce qui était autrefois un acte de piété.

*

* *

FRAGMENT 11

CE SERAIT UNE TÂCHE BIEN DIFFICILE QUE D'ÉRIGER UN SYSTÈME

a) Ce serait une tâche bien difficile que d'ériger un système de vérités religieuses et morales qui puisse récolter l'approbation libre de tous ou de la plupart des hommes ; car nous estimons que la condition nécessaire d'une religion du peuple réside dans le fait de ne pas imposer sa doctrine, de n'exercer aucune pression sur la conscience d'aucun homme. Cela paraît bien difficile si l'on considère l'infinie diversité des systèmes et des hypothèses que les théologiens et les philosophes ont élaborés depuis que la raison s'est déployée en idées et en spéculation à ce sujet. Nous faisons l'expérience qu'une très grande diversité de représentations est possible et que, même si certaines nous paraissent bizarres, elles sont malgré tout liées à des idées générales ou aux besoins de l'humanité, et qu'elles ont de tout temps trouvé des adhérents. Nous faisons également cette autre expérience, qu'aussitôt qu'on ordonne et qu'on interdit officiellement un certain type de représentation, on lui donne une importance qui peut non seulement affaiblir la liberté de conscience de l'homme, mais aussi incendier aisément un fanatisme dangereux. Ces expériences, eu égard aux dogmes d'une religion du peuple, nous enseignent la règle suivante : il faut qu'ils soient aussi simples que possible et qu'ils ne contiennent rien que la raison universelle de l'homme ne reconnaisse, rien qui, par la détermination ou l'affirmation dogmatique, dépasse les limites de la raison, même si ce droit a une origine céleste.

Doctrines théoriques mystérieuses.

Ces doctrines s'exposent tôt ou tard au danger que la raison s'y intéresse ou qu'elle les attaque. Dans ce cas, il est peut-être possible que les fruits précoces soient étouffés, comprimés, abattus, mais lorsque la maturation se poursuit, ni les bûchers érigés pour les écrivains ou leurs œuvres, ni les symboles évoqués ne peuvent endiguer le mal dont la semence se trouve, indestructible, dans la nature humaine. La raison mène en effet irrésistiblement au grand principe de l'autosuffisance du devoir et de la vertu ; et c'est déjà profaner ces principes que de vouloir les promouvoir par des mobiles plus prolixes et plus hétérogènes que leur seul rapport à l'idée de Dieu. Et si des hommes qui ont cette foi estiment que le rôle de cette doctrine miraculeuse ne désavantage ni ne porte préjudice à la moralité, s'ils pensent que le despotisme est nécessaire, ils ne font honneur à leur cause que parce qu'ils tiennent en bride la populace grossière. Mais celui qui est convaincu de l'identité de son être et de la foi rationnelle, essaiera à sa manière de désarmer son adversaire.

L'un s'opposera à la religion positive en utilisant des arguments qu'il emprunte aux documents de cette dernière ; un autre usera des armes de l'esprit ; un troisième se contentera de la conviction que ces doctrines positives ont peu d'importance, mais il cherchera à les adapter à ses idées car elles représentent quelque chose de sacré pour la foi des peuples. Nous le voyons chez tellement d'hommes qui ont développé en toute pureté l'idée de la moralité du fond de leur propre cœur, et qui ont vu avec ravissement, comme dans un miroir, la beauté de ces idées ; leur âme débordait de respect pour la vertu et la grandeur morale : chez Spinoza, Shaftesbury, Rousseau, Kant : au plus croît leur respect pour la morale et pour la morale de la doctrine chrétienne, au plus le reste leur semble hétérogène et superflu.

Ni la raison, ni l'entendement ne peuvent se représenter les mystères, les dogmes incompréhensibles, précisément parce qu'ils sont incompréhensibles ; et l'imagination le peut encore moins, car elle les trouve tout à fait contradictoires *.

Lorsqu'il est question de ces doctrines, ces trois facultés doivent suspendre leurs procédés usuels ; elles doivent permettre qu'on y renonce, car on ne peut utiliser leurs lois ici – comme si on voulait mesurer le vin avec une aune, ou comparer une caricature au buste d'Apollon. Il ne reste donc que la mémoire, celle-ci recueille certaines liaisons de mots qu'elle doit garder pour elle, et qu'elle doit isoler en les dissimulant autant que possible à l'entendement.

Il ne nous reste que l'usage de la mémoire, pour autant que ces doctrines incompréhensibles importent à notre cœur et qu'elles renferment les exigences pratiques qui s'expriment en l'homme, les impulsions qui le poussent et les espoirs de ce qu'elles promettent. Certaines doctrines sont constituées de telle sorte qu'elles sont dépourvues des moments pratiques, qu'elles ne les contiennent qu'associés à d'autres moments.

La première loi de toutes ces doctrines est, d'une façon générale, qu'elles ne peuvent indiquer aux hommes d'autres manières de plaire à Dieu qu'une bonne conduite de vie, et qu'elles ne peuvent donner aucun autre motif à l'action moralement bonne que des motifs purement moraux. La religion érige le concept de plaire à Dieu, en un sens plus ou moins pur : de la tentative d'exister en face de Dieu, l'idéal de sainteté, jusqu'au sens inférieur de ne se sentir bien qu'auprès de lui, au moyen d'exercices sensibles ; entre les deux, il y a une quantité de gradations qu'on ne pense certes jamais purement, en les distinguant les unes des autres.

Si le concept de plaire à Dieu, le but suprême de la religion, peut produire des principes impurs, celle-ci doit d'autant plus veiller à ce qu'aucune représentation pratiquement nuisible ne s'y glisse.

Lorsque ces doctrines qui dépassent les limites de notre raison et de notre imagination se rapportent au domaine pratique, elles ne peuvent que nous indiquer le chemin d'une bonne conduite de vie et nulle autre manière de plaire à Dieu ; mais au fond cette exigence est en soi contradictoire. Car, si ces doctrines ne nous indiquaient pas un nouveau chemin, elles ne seraient pas des mystères incompréhensibles. Elles nous imposent certains exercices avec la bouche, les mains ou les

---

* Il n'est pas question ici de la vérité objective et de la validité de ces doctrines, mais de ce qu'elles représentent pour notre raison, notre imagination et notre cœur même si elles se sont avérées vraies.

pieds, un carillon de sensations, ou des privations et châtiments corporels ; ou elles exigent que pour plaire à l'Être sacré, nous croyions à certaines choses, de sorte qu'on pourrait se soustraire à la loi morale ou en être dispensé. Or, la raison doit rejeter ce tissu de doctrines même si les cachets les plus sacrés les ont légalisées dans la foi des peuples ou dans l'histoire, car sur son exigence d'être moralement bonne, elle ne peut transiger.

L'histoire de toutes les époques a montré combien l'édifice de ces États et de ces classes de gens est dépravé quand ces principes y sont en vogue et que ce galimatias religieux et immoral a inversé toutes les relations naturelles ; et nous voyons également de nos jours la triste image qu'offrent ces États dans lesquels ces systèmes régissent encore (par exemple l'État de l'Église de Naples). Et seules la bonté indestructible de la nature humaine – laquelle est suffisamment malmenée ici – ainsi que la nécessité des lois civiles, qui doivent corriger ces principes pour que la société en détresse puisse tenir ensemble, empêchent que les vices et les mauvaises inclinations soient les conséquences directes de ces doctrines qui les ont nourris, justifiés et laissés impunis.

J'estime non seulement que la foi autorisée officiellement ne peut racheter ses péchés par les messes et le trafic des indulgences, mais encore qu'elle ne les cède en rien à un homme bon (car l'opinion publique diffère toujours en ce qui concerne les peines corporelles et autres). On offre asile aux criminels, on les soustrait à la main de la justice et les interprètes de la divinité les prennent sous leur protection ; il ne s'agit plus seulement de la foi mais on privilégie officiellement le mendiant, ce qui défavorise l'homme laborieux. Et ici il n'est pas simplement question des doctrines de quelques sophistes ou empiristes qui, avec un sens philosophique aigu, pensaient peut-être que les principes de la distinction entre la vertu et le vice n'étaient pas assez fondés ; il ne s'agit pas non plus de semi-plaisantins qui ne se sont jamais souciés au cours de leur vie d'écouter la voix de la vertu – leurs passions les en empêchaient –, ni de ces cas singuliers qu'on trouve partout. Il est au contraire question du fait que ces principes qui subvertissent la moralité et déshonorent l'humanité aussi bien que la divinité ne sont pas seulement traités par des esprits oisifs dans des chambres d'études ou du haut d'une chaire – ainsi, par exemple, sans qu'un dommage visible ne soit subi par l'essence commune, un professeur choisit comme principe de la morale ou du droit naturel le bonheur, d'autres prennent d'autres principes empiriques –, ne sont pas seulement enseignés publiquement, mais sont au contraire tissés de la manière la plus intime dans la structure de l'État, ce qui est bien plus éloquent que des doctrines. Dans de tels États, les hommes qui éprouvent le besoin d'avoir de meilleurs principes, de même aussi que ceux qui sont bons, ne peuvent marcher sur l'allée d'honneur de l'humiliation et du vice, allée qui leur est autorisée, ils relient à ces principes leur sentiment le meilleur, en des tournures dont leur entendement doit ignorer la faiblesse mais qui satisfont leur cœur.

La raison doit donc absolument rejeter ces doctrines, aussi bien quand elle recherche des principes pour l'individu que des principes plus généraux qui concernent l'économie de tout un Etat.

Parfois les doctrines positives d'une religion, ces doctrines que le développement de la raison humaine ne pouvait elle-même découvrir, offrent une fin meilleure ; surtout en des époques nouvelles où l'on essaie toujours avec zèle de trouver et de développer le moment pratique propre à chaque doctrine dogmatique.

On ne s'efforce plus de faire en sorte que les mystères d'une religion deviennent acceptables pour la raison, on insiste à présent sur cette distinction : ces doctrines dépassent certes la raison, mais elles ne s'y opposent pas, ce qui exprime un certain respect timide pour la raison, une certaine crainte de son tribunal. Mais finalement, cela ne change rien : si la raison est effectivement le juge ultime de sa foi, elle n'acceptera ni ne croira ce à quoi elle s'imagine qu'elle n'a pas accès, malgré toute l'étendue de son usage et sa force d'application ** ; tout comme si, après tous les essais de navigation, on ne découvrait pas de passage nord-ouest à travers l'Amérique, et que la géographie affirmait effrontément qu'il n'y en a aucun.

Ces mots sont donc perdus pour la raison, car elle ne peut les comprendre ; ils sont impensables par l'entendement, l'imagination ne peut se les représenter et seule la mémoire en fait usage.
Ils n'ont finalement d'importance pour l'homme qu'eu égard à son cœur, à l'influence qu'ils exercent sur la détermination de sa volonté.

On ne peut nier que, par certains aspects, des doctrines surhumaines de la religion chrétienne n'ont pas vraiment pour fin et conséquence la moralité mais la légalité. Si elles peuvent s'affiner et se transformer pour devenir morales, il faut pourtant avouer que les efforts entrepris en ce sens ont été suscités par les objections et les

---

** On pourrait dire qu'en soi ces doctrines ne sont pas contraire à la raison, mais qu'il est contraire à la raison d'y croire.

reproches des adversaires (dans le passé on n'a pas exactement considéré ce fait) et qu'on les a très longtemps utilisés à cette seule fin :

« Prendre d'assaut l'imagination du rêveur, là où le flambeau de la loi brûle sombrement » [1]

(Ou bien ces reproches ont donné naissance à l'espoir qu'on peut obtenir la moralité d'une manière surnaturelle, ou encore à la crainte que ce ne soit, dans ce cas, pire.)

Il me suffit d'évoquer les idées des récompenses qu'on a ajoutées aux félicités mystiques et aux avantages enfantins et légers qui reposent sur un orgueil immoral ; ou encore celles des châtiments que l'on dépeint de manière plus éloquente que les récompenses dans les images sensibles et criardes des tortures de l'enfer, où le diable accable l'âme avec une imagination toujours nouvelle, pour toute éternité, sans espoir de rédemption : rien d'étonnant, si la violence de ces représentations a détruit et anéantit l'imagination et si elles ont conduit tant d'hommes au désespoir et à la folie.

Quand l'imagination des bacchantes grecques s'amplifiait jusqu'à la folie – elles croyaient voir réellement la divinité, elles s'adonnaient aux éclats les plus sauvages d'une ivresse déréglée –, leur enthousiasme exprimait la joie et l'allégresse, et s'effaçait bientôt dans la vie quotidienne. Mais les débauches religieuses de l'imagination [chrétienne] sont au contraire les éclats du désespoir le plus triste, le plus angoissé ; celui-ci bouleverse profondément les organes et il est rare qu'on puisse y remédier.

La dogmatique définit non seulement la doctrine mais également le contenu, les plus infimes détails de ces tableaux, et on laisse à l'imagination plus ou moins vive du professeur le loisir de la présenter de manière plus crue encore ou de manière moins effrayante.

L'espoir des récompenses et des châtiments dans un autre monde est enraciné de manière si naturelle dans le besoin profond de la raison qui veut établir des liens entre la vie terrestre et la vie dans l'au-delà, que cette doctrine a de tout temps constitué la partie centrale de toute religion ; mais pour être digne d'une religion morale, il faut en faire un usage prudent, si on veut l'ancrer dans la foi des peuples.

Je ne considère pas ici le fruit de l'imagination mais uniquement cette doctrine que nous donne la religion chrétienne et qui repose sur

---

[1] Extrait d'une strophe tardive du poème *Résignation* de Schiller.

des principes supra-rationnels – qu'on exige ou non de croire en ces images de l'imagination comme en des dogmes. La doctrine de la résurrection du corps n'a pas une grande importance morale, mais elle a pour conséquence (en soi insignifiante), qu'on n'a pas pu universaliser le concept de l'âme de l'homme en tant qu'être spirituel et incorporel. Ou mieux, l'espoir de la survie de l'existence personnelle (à laquelle s'opposent si naturellement la mort, l'extinction), a contribué à l'idée de la renaissance du corps (celui-ci serait cette existence elle-même et non pas son compagnon fidèle),car cet espoir n'avait pas l'idée d'un être incorporel, incorruptible et immortel.

C'est une pensée consolatrice que d'espérer une compensation des souffrances endurées, et nous la revendiquons à la justice ; nous devrions pourtant nous habituer à ne pas éprouver comme une injustice tout ce qui advient contre notre attente ; il faut que nous nous habituions à nous comprendre dans une plus grande dépendance vis-à-vis de la nature. L'enchevêtrement de nos conditions politiques et civiles ainsi que l'inégalité des modes de vie et des biens de fortune, ont non seulement augmenté la misère en tout genre, mais aussi notre susceptibilité et notre sensibilité. L'irritation, l'impatience accompagnent souvent les souffrances auxquelles notre nature nous expose, ainsi que notre mode de vie qui s'écarte si souvent de celle-ci. Cette impatience provient de ce que nous exigeons que tout se déroule selon nos désirs, et de ce que nous éprouvons nos malheurs comme une injustice.

Le soi-disant mépris vis-à-vis des biens et des honneurs de ce monde dissimule souvent une mauvaise jalousie à l'égard de ceux qui possèdent, ce mépris cache une certaine irritation, et nous éprouvons notre privation de ces biens et honneurs comme une injustice, une souffrance dont nous réclamons compensation. Bien des hommes sont persuadés que les souffrances de ce monde ne valent pas les gloires du monde futur, et ils croient qu'on ne peut participer à ce monde sans souffrir : ils vivent en gardiens vigilants de leur vertu, jouissant tranquillement de cette vie et accomplissent leur devoir. Mais ils sont en réalité hantés par la crainte. Ils se créent une quantité de souffrances réelles ou rêvées et se plaignent *** sans raison de ce monde, comme si c'était une vallée de lamentations. Toutes ces dispositions éloignent de l'esprit, de la vérité qu'il y a un lien moral entre cette vie et la vie future.

*** Les savants se plaignent de leurs souffrances, de flèches enflammées, si on n'écrit pas de recensions élogieuses au sujet de leurs œuvres.

Une doctrine caractéristique du Christianisme est cette alternative effrayante, sans moyen terme, du destin qui attend les hommes dans un autre monde : ou bien la béatitude éternelle ou bien la damnation éternelle. Cette doctrine est inconnue par la raison. Si les idées qu'on se fait du futur après cette vie étaient aussi sûres et dignes de confiance que la certitude que le quingimarinde guérit la fièvre, cette alternative ne laisserait pas un seul moment de paix à l'homme, au cours de cette vie après laquelle le royaume de la grâce prendra fin et commencera celui de la justice impitoyable. L'homme serait exposé aux supplices de l'incertitude, il balancerait, éternellement conscient de ses imperfections, entre la crainte du Juge de ce monde, et l'espoir du Père tout clément.

Si ces tortures sont moins fréquentes, c'est que la nature humaine est inconséquente vis-à-vis des principes qui ne sont pas fondés en elle mais qu'on a insufflés de l'extérieur dans les cerveaux.

Mais l'histoire de Jésus, aussi bien ses doctrines que celles qu'on lui attribue, a une grande importance pratique. Pour aimer le bien, pour faire ce qui est juste et ne pas devoir l'apparence de vertu qu'à des sentiments momentanément bons, pour aimer la vertu par un libre choix, des principes sont nécessaires ainsi qu'un plus grand poids de notre métaphysique sur notre physique, des idées abstraites sur le monde sensible.

Quand, dans le genre humain, les principes domineront-ils plus que les sentiments, les lois plus que les individus ? Si la vertu apparaissait, était visible parmi les hommes, disait Platon, tous les mortels devraient l'aimer ; Platon croyait certainement en des hommes vertueux, mais pour enflammer les hommes, leur faire éprouver l'admiration, il avait besoin de la vertu elle-même. L'histoire de Jésus ne nous montre pas seulement un homme qui s'est tout d'abord instruit dans la solitude, a ensuite consacré tout son temps à l'amélioration de l'homme et qui a finalement sacrifié sa vie à ce but.

Socrate – pour reprendre l'exemple le plus cité – aurait pu également nous servir de modèle. Il puisait sa sagesse dans le tumulte de la vie active, dans les batailles où il sauva son ami presqu'au prix de sa propre vie. Il voua sa vie à l'amélioration de ses concitoyens, et c'est finalement la vérité qui lui a tendu le bol de poison qu'il a bu avec un calme des plus sublimes. Qu'est-ce qui nous manque pour faire de Socrate un modèle de vertu ? N'était-ce pas un homme doté des mêmes facultés que nous ? Ne pouvons-nous pas nous adonner à l'imitation, dans l'espoir que nous pourrions, nous aussi dans notre manière de vivre atteindre la perfection ? Que coûtait au Christ l'aide qu'il apportait au malade ? Un mot. Pourvu d'une force divine, à laquelle la sensibilité ne pouvait opposer la moindre inclination ou sentiment, et à laquelle le manque de moyens et de force ne pouvait faire obstacle, sa vie immaculée, sa constance, sa sérénité dans la souffrance ne devraient-ils pas être dignes de notre admiration et nous enjoindre à l'imitation alors que nous, dénudés, nous n'avons pas l'espoir d'aller si loin ? Mais l'imagination ne prend pas garde à ce raisonnement élaboré par l'entendement froid, et c'est justement ce mélange, cet ajoût du divin qui fait de l'homme vertueux, Jésus, un idéal de vertu. Sans le divin en sa personne, nous n'aurions que l'homme, alors que nous avons ici un vrai idéal supra-humain qui n'est pourtant pas étranger à l'âme humaine, même si celle-ci se sent éloignée de lui. En outre, cet idéal a l'avantage de n'être pas une froide abstraction. Son individualisation, le fait que nous puissions l'entendre parler et le voir agir, rapproche de notre sentiment ce qui était déjà familier à notre esprit.

C'est donc la vertu elle-même qui est apparue aux croyants et pas seulement un homme vertueux. Si nous avons encore toujours tendance à supposer en l'homme vertueux des ombres secrètes ou d'anciens combats, comme nous le faisons à propos de Socrate seulement sur la base de la physionomie, la foi est ici en face d'une vertu qui est sans tache, sans être cependant désincarnée.

L'adjonction du divin en Jésus favorise peut-être notre inclination aux idéaux qui sont plus qu'humains au lieu d'affaiblir en apparence notre zèle à l'imitation, et de nous décourager parce qu'il est impossible de s'approcher de lui.

Il faut qu'on puisse faire l'expérience de la vertu, l'exercer. De la même manière, pour être un bon imitateur, il faut soi-même faire partie de l'original, (plus encore dans le domaine moral qu'ailleurs); sinon l'imitation a quelque chose de forcé, on voit qu'elle n'est pas naturelle, que quelque chose ici ou là n'est pas à sa place, ne convient pas vraiment et détonne. La vertu apprise par cœur et imitée des autres a quelque chose de maladroit, elle ne peut résister à l'expérience et à la connaissance progressive du monde, elle est dénuée de valeur et de mérite. Une quantité innombrable d'hommes dépourvus d'intérêt, de nobles sentiments, d'attitudes délicates, qui n'ont jamais fait preuve de vertu, de force ou de patience, ont donné à leurs petitesses le nom de vertus élevées ; ils ont voulu ressembler à leur prototype, sans s'être jamais trouvés dans des situations analogues. D'où le nombre de ceux qui souffrent et se plaignent malgré le fait qu'ils ne manquent de rien ; les persécutés qu'on laissait pourtant en paix et qui n'avaient eux-mêmes la paix aussi longtemps qu'on ne les persécutait pas ; le nombre de savants et leur sagesse dont personne n'a besoin. Le modèle de vertu que les hommes ont façonné d'après leur idéal a évidemment pris la couleur de ces vertus qui ressortent dans l'idéal ; mais l'imitation les a affaiblies et présentées de manière malhabile. La volonté d'enseigner a donné naissance à la manie de toujours vouloir avoir raison, et cette dernière à l'intolérance.

La doctrine de la providence propre à la religion chrétienne est un concept de la raison dont nous ne devrions nous servir en aucun cas, car il ne provient pas de l'entendement et n'explique donc rien.

Doctrines morales pratiques.

De nombreux adversaires des aspects les plus caractéristiques du Christianisme ont au contraire fait preuve du plus grand respect pour la morale de la religion chrétienne. Si les doctrines de la Trinité, de la réconciliation et du péché originel étaient la cible de leurs moqueries et autres armes, la morale chrétienne les a enthousiasmés et ils l'ont placée au rang d'un bienfait de l'humanité. En effet, le système le plus pur de la morale, qui exclut absolument tous les principes matériels, n'a pu se rattacher de manière vraiment spontanée à aucune partie de la religion chrétienne sinon à sa morale. Et si d'autres adversaires ont trouvé que certaines déclarations, commandements ou affirmations de la pensée du Christ et de ses apôtres ne s'accordaient pas avec une morale pure, il est sûr qu'on peut accorder l'esprit entier de la morale du Christ à cette morale la plus sublime, et que l'obéissance inconditionnée aux lois, s'en trouve ainsi aiguisée.

Mais la question centrale n'est pas de savoir si l'enseignement de Jésus recèle des déclarations qui expriment une morale pure ; car on les trouve également dans les écrits de Platon, de Xénophon et de Rousseau. Il n'importe pas non plus que les principes pratiques ne soient pas donnés dans un système ou du moins qu'on définisse tous les devoirs et leurs motifs. Mais l'essentiel est de savoir sous quel éclairage, en quelle relation, et à quel rang on a pu établir ces principes.

Haranguant le peuple, la parole de Jean était : « Faites pénitence ! », celle du Christ : « Faites pénitence et croyez en l'Évangile ! », celle des Apôtres : « Croyez en Jésus-Christ ! » ; et c'est cette dernière parole qui a été conservée dans toutes les écoles, les traités et les prêches. Aujourd'hui encore, alors que l'esprit et les idées de l'époque n'ont plus besoin d'expier les crimes, on commence à nous enseigner en fonction du temps et de l'importance, que le Christ est le rédempteur des péchés qui, comme martyr de l'humanité, a plu à la Sainteté offensée de Dieu ; car chaque individu a besoin d'une expiation, non de ses fautes passagères, mais du fait même de son existence, de sa vie tout entière. La reconnaissance qu'on éprouve envers la personne qui a souffert et qui est morte pour nous – comme si des milliers d'hommes ne s'étaient pas déjà sacrifiés avec le sourire –, pour des causes de moindre importance, sans suer crainte et sang, avec joie, pour leur roi, leur patrie ou l'être aimé (comment auraient-ils pu encore mourir pour l'espèce humaine) –, cette reconnaissance envers cette mort, la partie centrale la plus importante de notre religion, l'élément le plus solennel pour notre imagination, doit nous entraîner à la vénération du Christ et de Dieu.

Cette vénération implique entre autres qu'on répande son nom et qu'on s'adonne finalement à la piété, la charité, etc...Par ces chemins détournés, nous avons atteint la moralité non de manière ascendante mais par un mouvement descendant. Il serait donc injuste de reprocher à la religion chrétienne qu'elle ne favorise pas la moralité, mais il est clair que ces détours ont endommagé la moralité, car on les a pris pour la fin elle-même. On a donc perdu des yeux le but de la moralité puisqu'on a fait de la béatitude et non de la moralité l'ultime fin de ces doctrines.

Préconiser la foi a souvent entraîné le fait qu'on s'est contenté d'une foi morte – de la mémoire, de la tradition orale –, de sentiments et qu'on s'est épargné la bonne réflexion et les bonnes actions. La manière dont les apôtres accueillaient les hommes dans leur communauté différait déjà de celle que le Christ observait avec ceux dont il faisait ses amis. Les apôtres se contentaient de transporter en quelques heures par leur éloquence une foule d'hommes, la plupart ignorants, dans un étonnement tel qu'ils croyaient à leurs paroles et se faisaient baptiser. C'est ainsi qu'ils devenaient Chrétiens. On a pratiqué cette conversion au cours de nombreux siècles, on l'exerce encore de nos jours de la même manière dans le Gange, l'Orinoque et le Saint-Laurent.

Puisqu'on a fait de la vénération du Christ, de la propagation de son nom sur toute la surface de la terre, la tâche et le but principal, ce reproche que Sittah fait dans *Nathan*, est donc justifié [2]. Car à quoi bon envoyer des missionnaires si longtemps qu'il y a encore des hommes moralement mauvais parmi les Chrétiens !

---

[2] « Ce n'est pas sa vertu mais son nom qu'il faut répandre partout », *Nathan le Sage*, II, 1.

Ce ne sont pas seulement les catholiques mais aussi les protestants et l'Église anglicane qui ont créé des organismes précieux dont la réalisation a coûté beaucoup de travail, de sueur, de fatigue et même de sang, et ce pour emplir d'un seul nom, d'une histoire, l'imagination des peuples alors que ceux-ci s'étaient déjà créé leur Dieu, leur religion adaptée à leurs besoins.

*
* *

FRAGMENT 12

MAINTENANT LA FOULE A BESOIN D'AUTRES SOUTIENS

La foule dénuée de vertu civique et qui vit avilie et opprimée, a maintenant besoin d'autres soutiens, d'une autre consolation pour compenser sa misère qu'elle n'a pas le courage de diminuer.

Il faut remplacer la certitude intérieure de la foi en Dieu et en l'immortalité par des garanties extérieures, par la foi en des hommes qui ont plus de savoir que de capacité à faire naître le jugement à partir d'eux-mêmes.

Le républicain libre qui, animé par l'esprit de son peuple, dépensait par devoir ses forces et sa vie pour sa patrie, ne donnait pas tant de valeur à ses efforts et il n'en exigeait pas compensation et indemnité. Il travaillait pour son idée, son devoir ; que pouvait-il exiger en échange ? Comme récompense de son courage, il espérait simplement vivre en compagnie des héros, dans l'Élysée ou dans le Walhalla et y être plus heureux qu'ici, puisqu'il y serait libéré des tourments de l'humanité infirme. De même celui qui a adopté pour maxime de sa raison l'obéissance à la nature et à la nécessité et qui respecte cette loi qui nous est certes incompréhensible mais qui est sacrée, que peut-il revendiquer en guise de compensation ? Quel dédommagement de ses souffrances imméritées un Œdipe peut-il réclamer puisqu'il se croyait au service et sous la domination du destin ?

Seul le peuple le plus corrompu, animé de la plus grande faiblesse morale, a été capable d'ériger en maxime l'obéissance aveugle aux méchants caprices d'hommes méprisables. Seuls le temps et l'oubli total d'une meilleure situation ont pu l'y mener. Un tel peuple abandonné de lui-même et de tous les dieux, menant une vie privée, a besoin de signes et de miracles, de recevoir de la divinité l'assurance d'une vie future car il n'est plus capable de puiser cette foi en lui-même. Mais un peuple ne doit pas pourtant en arriver là s'il veut encore pouvoir saisir l'idée de moralité et ériger sa foi sur celle-ci, car alors les idées se sont desséchées, sont devenues maintenant des chimères ; un tel peuple ne peut au contraire qu'accrocher sa foi à un individu, s'appuyer sur une personne qui lui sert de modèle et devient l'objet de son admiration. Voilà pourquoi la religion chrétienne fut accueillie ouvertement et favorablement à l'époque où la vertu civique des Romains avait disparu et où leur grandeur extérieure était en déclin. Voilà pourquoi, lorsqu'après des siècles, l'humanité s'ouvre à nouveau aux idées, l'intérêt pour tout ce qui est individuel disparaît. On fait bien sûr encore l'expérience de la corruption des hommes, mais la doctrine de leur déchéance diminue d'importance.

Cela même qui rendait l'individu intéressant à nos yeux, affleure peu à peu en tant qu'idée dans sa beauté ; ce qui est pensé par nous devient notre propriété ; nous reconnaissons à nouveau avec joie que la beauté de la nature humaine est notre propre œuvre, alors que nous la posions dans un individu étranger et que nous ne conservions de cette nature humaine que le plus horrible dont elle est capable ; nous nous emparons à nouveau de la beauté et par là même nous apprenons à éprouver du respect pour nous-mêmes, alors que dans le passé nous croyions que tout ce qui nous était propre ne pouvait être qu'objet de mépris.

L'amour de la vie, du confort et de l'embellissement de cette vie était sans doute l'objet de notre plus grand intérêt quand nous menions une vie privée (et, constitué en système d'intelligence pratique, cela formait notre moralité). Si les idées morales peuvent maintenant prendre place en l'homme, ces biens perdent leur valeur, et nous ne considérons plus que des Constitutions qui garantissent seulement la vie et la propriété soient les meilleures. On n'a plus besoin de l'appareil de l'angoisse, du système artificiel des impulsions et des motifs de consolations où des milliers d'hommes faibles trouvaient leur réconfort. Le système de la religion qui prenait toujours la couleur de l'époque et des Constitutions politiques, qui érigeait en vertus suprêmes l'humilité ainsi que la conscience de notre impuissance (une conscience qui attend tout d'ailleurs et même, en partie, le mal), va donc maintenant recevoir une dignité propre, vraie et autonome.

*
* *

FRAGMENT 13

LORSQU'ON ÉCRIT AU SUJET DE LA RELIGION CHRÉTIENNE

Lorsqu'on écrit au sujet de la religion chrétienne, on s'expose à tout moment au danger de se faire une idée erronée de l'essence et de la fin de cette religion.

Et si l'on essaie de corriger cette idée, on reçoit aussitôt la réponse suivante : cela concerne moins la religion chrétienne elle-même que la représentation qu'on en a ; et si nous demandons qu'on nous montre un traité où nous rencontrions le système authentique et pur de la religion chrétienne, ces messieurs répondent en chœur : ne connaissez-vous donc pas nos compendia [1] ?

Mais, messieurs, vos compendia, que vous avez écrits ou ceux que vous présentez comme le fondement de votre système de la foi, divergent tellement qu'il faut vous prier de vous mettre d'avance d'accord avant que vous n'affirmiez que quelque chose n'appartient pas à la religion chrétienne. Ce que nous considérons ici comme appartenant à cette religion, ou bien nous le puisons directement dans le Nouveau Testament, ou bien on peut le considérer comme quelque chose de plus que la doctrine d'un système.

Abstraction faite de quelques manuels et des convictions de quelques hommes éclairés, on traitera avant tout de la doctrine populaire officielle, que les consistoires et les conseils de l'Église ont reconnue, de cette voie, qu'on emprunte sur la plupart des chaires et dans les écoles, du moins du système qu'on a enseigné et par lequel on a éduqué toute cette génération qui est maintenant adulte. Il importe donc encore toujours d'apporter une lumière sur certains aspects de cet ordre du salut jusqu'à ce que des idées plus saines auront pris une place universelle et que ces systèmes n'auront plus d'utilité que pour les savants curieux de connaître l'esprit des temps passés. C'est pourquoi, je ne crois pas avoir commis l'erreur de ceux qui donnent aux autres la gale pour pouvoir les gratter [2].

---

[1] Cf. note 1 du frag. 2 et note 1 du frag. 7.

[2] *Den anderen die Krätze geben, um sie krazen zu können* : expression que Hegel emprunte vraisemblablement à Lessing. Cf. Wolfgang RITZEL, *Zur Herkunft eines Hegelschen Ausdrucks*. Hegel-Studien, vol. 2, Bonn 1963, pp. 278-281.

En ce qui concerne certaines représentations qui me semblent scandaleuses, rien ne me donnerait plus de satisfaction que la certitude qu'on les a depuis longtemps oubliées et qu'il est donc inutile de se les rappeler, si je pouvais considérer cette certitude comme universellement vraie.

La religion a produit un renforcement des impulsions de la vie éthique par l'idée de Dieu en tant que législateur moral, et elle satisfait les tâches de notre raison pratique eu égard au but final qu'elle nous a imposé, le bien suprême. Vu ces effets, les législateurs et les administrateurs d'un État peuvent faire de la religion une fin, et les hommes peuvent satisfaire leur besoin naturel de cette religion au moyen d'institutions bien précises. La volonté d'une nation s'est en général déclarée depuis longtemps pour une religion déterminée, avant que les gouvernements ne l'aient posée comme fin. Un gouvernement ne peut avoir pour fin que de propager, conserver et rafraîchir sans cesse la connaissance de cette religion. Si l'on sait quelle grande influence les institutions officielles ont exercée sur la masse des nations dans les États monarchiques, afin de maintenir un système de la religion car le peuple y est rarement capable de pouvoir rechercher et choisir par lui-même, et assiste en général passivement à l'enseignement ; sachant cela, il nous est permis de poser cette question : cette religion qui avait auparavant une finalité pour le peuple – sinon il ne se serait pas tourné vers elle –, aura-t-elle encore toujours cette même finalité, sous la même forme, lorsque les circonstances changent ? La religion était à l'origine constituée de sorte qu'elle pouvait, malgré les changements de gouvernement, malgré l'*Aufklärung*, conserver sa finalité et sa valeur ; aura-t-elle, en tant que religion publique, cette même efficacité qu'elle avait en tant que religion privée ? Est-ce que l'esprit des peuples a peu à peu abandonné ce qui, dans cette religion était *temporel*, ou l'a-t-il modifié ? Ou les puissants ont-ils reçu le pouvoir de gaspiller la religion ?

Avaient-ils un intérêt particulier à conserver la forme qu'ils avaient héritée de leurs prédécesseurs pour la livrer comme un bien cher et familier aux mains de leurs successeurs ? Il a toujours fallu des siècles pour que toute une nation éprouve le besoin du changement, d'un changement qu'on ne peut plus arrêter ; et le peuple s'était habituellement contenté de donner une impulsion et dès lors abandonnait bientôt le gouvernail ; c'est ainsi que par l'attachement au nouveau fond et la méfiance qu'on le leur retire à nouveau des mains, on a rendu impossible pour des siècles un progrès ultérieur, diverses améliorations.

On peut considérer la religion :
   a) du point de vue de ses doctrines.
   b) du point de vue de ses traditions.
   c) du point de vue de ses cérémonies.
   d) de son rapport à l'État ou en tant que religion publique. Institutions.
Quelles sont les exigences d'une religion du peuple sous ces points de vue ? Et les rencontrons-nous dans la religion chrétienne ?

La raison pratique attribue à l'homme la tâche suivante, fin ultime de tous ses efforts : la réalisation du bien suprême dans le monde, la moralité et la félicité qui y est conforme.

Je crois pouvoir affirmer que la doctrine presque universelle du Christianisme réside dans l'idée selon laquelle l'espoir d'une béatitude éternelle représente le plus grand intérêt du Chrétien, intérêt en comparaison duquel tous les autres n'ont qu'une valeur subordonnée. La bienveillance divine importe au Chrétien car c'est Dieu qui octroie cette béatitude. Eu égard à la matière, cette idée de la béatitude s'accorde assez bien à ce que pose la raison. Pour celle-ci, la condition ultime de la possibilité du bien suprême est que la disposition [de l'âme] s'accorde avec la loi morale. La condition ultime de la béatitude éternelle selon la religion chrétienne est la foi en Jésus-Christ ainsi qu'au pouvoir de sa mort rédemptrice ; et ce, non pas parce que cette foi peut finalement mener à la moralité, ce qui ferait de cette dernière la véritable condition et de la foi un moyen, mais parce que la foi est par elle-même le fondement de la bienveillance divine, et celle-ci octroie donc la béatitude éternelle à ceux qui croient au Christ, et qui, sans elle, ne pourraient jamais la mériter.

Ces conceptions diverses du commandement suprême pour l'homme, entraînent plusieurs conséquences, ou plutôt elles reposent elles-mêmes sur certains principes préliminaires importants : malgré ses efforts, malgré son zèle le plus sincère pour atteindre le bien, l'homme ne peut en effet obtenir la félicité parce qu'il est tout à fait incapable de moralité. Il ne doit le degré de sa félicité qu'à la grâce libre et imméritée de Dieu, car si celle-ci était juste, il ne pourrait en attendre que malheur et châtiment. Sans contredit, tout se fonde sur le principe suivant : l'homme bon mérite la félicité, il peut l'exiger comme son droit, il en est digne. Mais on présuppose l'impossibilité de devenir un homme bon.

A ces principes on a opposé, jusqu'à l'ennui, Socrate, bien des païens vertueux et quelques populations tout à fait innocentes, mais on a toujours reçu la misérable réponse que ce n'étaient que des vices brillants. Cette réponse révolte l'homme plein de sentiments qui croit à la vertu qu'un Père de l'Église au cœur vide a couvée pour lui, et que ses élèves tout aussi creux lui ont répétée jusqu'à l'écœurement. Les théologiens forment leur doctrine de la justice sur ce principe qui est si profondément enraciné dans la nature morale universelle de l'homme : l'homme bon est digne de la félicité; ce principe s'exprime dans le jugement de tout entendement humain sain. Il est pourtant encore source de difficultés, les théologiens essaient de le dissimuler, ils ne veulent pas vraiment le reconnaître, car il s'oppose à leur doctrine fondamentale de la passion rédemptrice et de la mort du Christ.

Soit le principe de la corruption non seulement des hommes mais aussi de la nature humaine (que l'expérience contredit quand l'humanité n'est pas humiliée par de mauvais gouvernements) : on ne l'aurait pas affirmé sur la seule base de la faible exégèse de certains passages isolés de l'Écriture, qui semblent l'évoquer, et on ne l'aurait pas développé dans un tel sens, s'il n'avait pas eu, dans son rapport avec l'ensemble, une si grande importance. On a même cru que la cause physique de cette corruption et de l'aversion vis-à-vis du bien – à l'égard desquelles la raison éprouve une horreur insurmontable –, se trouvait dans la Sainte Écriture, et on n'a pas pensé que par le fait même de cette transmission sur laquelle la volonté de l'homme ne peut avoir absolument aucune influence, et selon laquelle déjà les enfants sont déclarés punissables, l'homme, qui en outre devrait être livré à l'influence de mauvais esprits, est précisément reconnu comme libre de toute faute ; on ne peut absolument rien lui imputer : s'il n'y a pas de liberté pratique, on dénie à l'homme soit la faculté de reconnaître le bien comme tel, soit de le respecter, soit de lui donner un poids plus important qu'à sa sensibilité. C'est donc en toute conséquence qu'on a condamné les païens, sans grâce ni pitié. Et si certains théologiens qui aujourd'hui n'osent plus parler de ces choses manifestent une disposition d'esprit humaine, ils sont en contradiction avec leur propre système.

Puisqu'on ne peut faire de la moralité la condition suprême de la béatitude – car les hommes n'en sont pas capables – et que par conséquent la béatitude ne peut vraiment pas se réaliser, la grâce miséricordieuse de Dieu y a substitué (a mis à sa place) un autre ingrédient qui est plus à la mesure de l'homme : la foi en Jésus-Christ. On peut exiger que l'accomplissement des bonnes œuvres fasse partie intégrante et nécessaire de la foi, cependant les théologiens estiment qu'il y manque ce qui pourrait nous rendre méritoires, nous donner une valeur propre qui attirerait sur nous la bienveillance divine. C'est pourquoi la foi dépend entièrement d'une conviction de l'entendement et de l'imagination qui doivent considérer comme vraies soit des choses qui reposent sur la crédibilité historique, soit des choses qui sont telles que l'entendement ne peut s'accorder avec elles.

Ce n'est pas un besoin pratique de la raison qui fonde la foi en Jésus-Christ, considéré comme personne historique ; elle repose au contraire sur des témoignages. La raison nous enseigne qu'elle est elle-même le principe et le fondement de ce qui représente un intérêt pour elle, de ce qui donne à l'existence et aux actes de l'homme une fin suprême et de ce qui constitue la pierre de touche de tout le système de la sérénité de l'homme ; c'est en elle qu'on trouvera la solution de questions qui sont importantes pour l'homme. La développer n'est nécessaire que pour résoudre ces problèmes-là. Tous ceux qui veulent entendre sa voix (un jour le dit à l'autre etc...) y ont donc accès. La foi historique est au contraire limitée par nature , sa diffusion dépend du hasard des circonstances ; c'est une source à laquelle tout homme ne peut puiser, et pourtant la condition de la bienveillance de Dieu envers nous, la condition de notre destin pour l'éternité, doit en dépendre. Même si nous nous comportons avec modestie et humilité, vu notre ignorance des chemins et des intentions de la providence, dont dans d'autres cas on veut cependant suivre précisément la trace, nous ne pouvons demander pourquoi la nature a refusé aux animaux les talents de l'homme, la disposition à la raison et à la moralité. Mais si un orgueil méprisable, qui, tout en acceptant la corruption de notre nature, ne pourrait s'appuyer sur rien d'autre que celle-ci, ne veut pas nous octroyer, dans la hiérarchie des essences, un niveau supérieur à celui de tant d'autres nations, nous pouvons nous attendre à ce que les moyens, l'école de la perfection, qui seuls peuvent donner une valeur à l'homme, soient ouverts à toute l'espèce humaine.

Seulement deux cas sont possibles. Soit la plus grande partie de l'espèce humaine fut exclue de la bénédiction, qui dans la foi s'écoule goutte à goutte sur nous les élus, nous dont la corruption, nous l'avouons nous-mêmes, est au moins égale à la corruption du reste de l'espèce humaine et ne mérite rien de mieux.

Dans ce cas nous dénions à notre raison et au sentiment humain universel les concepts si importants de la dignité d'un bonheur qui repose sur la vie éthique et nous supprimons et renions le lien moral que la divinité entretient avec le monde et les hommes, le concept de la justice divine, en raison duquel seulement l'existence de Dieu a de l'intérêt pour nous. Nous ne pouvons alors connaître et déterminer en une quelconque mesure les qualités morales de Dieu et nous faire une idée de sa nature morale, de sa manière de juger les hommes, de ce qu'il entend par la vertu, puisque c'est la religion chrétienne qui devra nous apprendre à connaître de telles qualités transcendantales et tout à fait mystérieuses. Soit nous devons renoncer à tout cela, mais il nous faut alors reconnaître que cette foi n'a pas l'importance qu'on lui attribue et qu'elle ne constitue pas la condition exclusive pour que les hommes puissent comprendre quelque chose de leur finalité en ce monde et puissent avoir une valeur devant Dieu et la raison.

Les motifs de la foi en Jésus-Christ reposent sur l'histoire. Si la simplicité des mœurs a préservé un peuple de la grande inégalité des classes [3] et si l'histoire s'est développée sur le propre sol de ce peuple, les légendes se transmettent de père en fils, elles sont en une égale mesure la propriété de chacun. Mais dès que des classes particulières se forment au sein d'une nation, que le père de famille n'exerce plus la fonction de grand-prêtre, une classe se fera bien vite le dépositaire des légendes, et le peuple les oubliera peu à peu.

Ce sera particulièrement le cas lorsque les légendes sont issues d'un pays étranger, de mœurs étrangères et d'une langue étrangère. Le motif, le contenu des légendes ne peut plus alors appartenir à tous dans sa forme originale car pour connaître cette dernière, il faut beaucoup de temps et un appareil de connaissances diverses. De cette manière cette classe obtiendra bientôt la domination sur la foi publique, une domination qui peut s'amplifier jusqu'à devenir un pouvoir très étendu, ou du moins par laquelle cette classe, en ce qui concerne les doctrines de la religion populaire, conserve en main le gouvernail.

Il est infiniment plus confortable de croire [*] ce que nous disent les gens en qui nous avons placé notre confiance ou que l'État a privilégiés pour qu'on les croie, que de s'habituer à réfléchir soi-même.

La foi historique peut également donner lieu à des recherches, mais il n'appartient pas immédiatement à sa nature d'éveiller l'esprit de la réflexion. S'agissant de règles morales ou d'intelligence pratique, chacun se croit justifié et se sent encouragé à les accorder avec son sentiment et avec ses expériences, à juger de leur vérité et de leur applicabilité.

[3] *Ungleichheit der Stände.*

[*] C'est l'affaire de la mémoire.

S'agissant des vérités historiques, le peuple est habitué à croire ce qu'on lui a raconté depuis sa jeunesse ; il n'en doutera jamais et est condamné à ne jamais oser examiner leur vérité. Puisque le motif de notre béatitude ne peut reposer sur ce que notre raison pourrait examiner, sur l'attention que nous portons à nous-mêmes et aux autres, sur l'autonomie de notre pensée, mais qu'il s'appuie au contraire sur l'autorité de ceux à qui l'État confie le soin de diffuser les vérités historiques, on peut donc peut-être dire qu'il est de la nature de la chose que l'usage et la culture de l'entendement, la confiance en son propre discernement, l'autonomie de ses convictions soient si peu favorisés par cette diffusion et soient si peu universels.

La foi – celle qui se distingue de la foi historique par son degré très élevé de vitalité et une tension de l'âme – est finalement encore exposée au destin. Même si une très grande autorité la protège et si on a combiné avec une grande finesse et maints artifices les circonstances en un système qu'on ne peut aborder de nulle part sans se perdre dans une infinité de détails – pour éliminer toutes les hypothèses et possibilités –, la raison osera finalement examiner à partir d'elle-même cette foi, elle puisera en elle-même les principes de la possibilité et de la vraisemblance, sans prendre en considération, mais en laissant de côté, cette construction historique artificielle qui se base sur des raisons historiques pour affirmer une primauté sur la conviction des vérités rationnelles.

Lorsque la raison a grandi au point de sentir sa propre autonomie, la conviction qu'elle a puisée et fondée en elle-même et à partir d'elle-même est d'une telle force, que soit elle néglige la foi historique et ses preuves, elle ne s'en soucie absolument pas et s'attire le reproche d'une légèreté impardonnable, soit, si on ne cesse de l'assaillir en lui mettant cette foi sous les yeux, et qu'elle ne peut attaquer celle-ci, ni en elle-même ni même à partir de raisons historiques, si l'érudition lui manque mais qu'elle refuse obstinément de capituler, on accusera la raison de cécité préméditée. Soit encore elle essaie elle-même d'ébranler la foi historique ou bien par des mots d'esprit, par la représentation de l'absurdité de certains récits, ou bien en traitant l'Histoire Sainte comme un quelconque ouvrage humain et en présupposant que les légendes ont pu être modifiées ou qu'elles s'enracinent seulement dans une croyance populaire, comme c'est le cas pour la tradition de beaucoup d'autres peuples. Soit enfin elle attaque la foi historique en lui empruntant ses propres armes ; elle ne trouve pas dans les livres qui constituent le fondement de cette foi cela même que celle-ci en tire et elle essaie de l'adapter de toutes les manières possibles. Dans ce cas on l'accusera de manque de respect pour la parole divine, de méchanceté et de fausseté.

La foi en Jésus-Christ est la foi en un idéal personnifié.

Pourquoi les exemples humains ne nous suffisent-ils pas pour nous renforcer dans le combat pour la vertu et sentir l'étincelle divine en nous, ainsi que la force qui couve en nous et nous pousse à devenir maître du sensible ?

Pourquoi ne reconnaissons-nous pas dans les hommes vertueux non seulement la chair de notre chair, le sang de notre sang, mais aussi la sympathie morale qu'ils ressentent, l'esprit de notre esprit, la force de notre force ? Hélas, on nous a persuadés de l'étrangeté de ces facultés, on nous a convaincus que l'homme n'appartient qu'à la série des êtres naturels, et des êtres naturels corrompus, on a entièrement isolé l'idée de la Sainteté, on l'a attribuée seulement à un être lointain, on a considéré qu'elle ne peut s'unir avec la limitation qui affecte une nature sensible. C'est pourquoi, s'il était possible d'attribuer la perfection morale à cette nature sensible, elle ne constituerait pas une partie de notre propre essence mais elle n'aurait d'influence sur nous que par l'union de l'essence de toutes les essences avec nous, par sa présence en nous *(unio mystica).*

Cette humiliation de la nature humaine ne nous permet donc pas de nous reconnaître nous-mêmes en des hommes vertueux ; pour cet idéal, qui serait pour nous l'image de la vertu, il fallait un homme-dieu. Cela irait encore si ce qui est véritablement divin, nous le trouvions en lui, non pas dans le fait qu'il est la deuxième personne de la divinité, qu'il a été engendré par le père de l'éternité, etc…, mais dans le fait que son esprit, son attitude d'esprit s'accorde avec la loi morale. Finalement, c'est à vrai dire en nous-mêmes que nous devons chercher l'idée de cette loi morale, si toutefois sa lettre peut être donnée dans les signes et les mots. Mais les querelles (menées souvent comme s'il s'agissait de question de vie ou de mort) entre les savants et les prêtres (c'est-à-dire ceux qui avaient le devoir de maintenir l'attention sur les qualités morales) au sujet d'attributs aussi stériles pour la morale que l'engendrement éternel, la manière dont Dieu est lié à l'homme, etc…montrent en partie qu'on a souvent méconnu et négligé l'aspect vraiment divin que recèle l'idée de la loi morale ; on trouvera dans les manuels scolaires les définitions les plus exhaustives de ces qualités inessentielles ; elles sont à la fin tellement détaillées qu'elles nous filent entre les doigts. Les diverses opinions sur ces questions sont devenues l'affaire essentielle de la religion. Et elles ne sont pas restées dans les chambres d'études : on a au contraire appelé le peuple, les gouvernements à y participer, à user de leur pouvoir contre la partie qui pense autrement. Ils l'ont emprisonnée et lui ont fait payer de son sang ses erreurs. Sur cette voie, on a ouvertement négligé, méconnu l'essentiel de l'idéal : cette qualité grâce à laquelle un idéal devrait être pour nous un idéal divin. Mais d'autres expériences tout aussi tristes nous montrent encore d'autres manières dont on a méconnu cet idéal : ainsi le fait que les hommes s'attachent encore à des propriétés inessentielles de leur idéal, pour lesquelles ils peuvent sacrifier leur propre sang ou celui des autres ; ainsi ils peuvent se sacrifier pour son nom, pour des mots qui s'y attachent ou qu'il a prononcés. Mais par l'intermédiaire de quelles institutions a-t-on pu en venir à reconnaître et aimer en Jésus-Christ non seulement l'homme, non seulement le nom mais aussi la vertu elle-même ? Répondre à cette question signifie résoudre le problème de savoir comment un peuple peut grandir et être réceptif aux idées morales et à la moralité. Mais exposer ce problème nous mènerait bien au-delà de nos intentions ; limitons-nous à examiner la manière dont la religion chrétienne veut accessoirement participer à la moralité par les détours de la foi. L'axe autour duquel tourne l'espoir tout entier de notre béatitude, c'est la foi en Jésus-Christ en tant qu'il est réconciliateur de Dieu et du monde, celui qui a subi à notre place les châtiments que l'espèce humaine avait mérités, en partie en raison de sa corruption naturelle, en partie en raison de ses propres fautes ; il faut soustraire les souffrances d'un innocent – car il était Dieu –, de la faute incommensurable de l'espèce humaine, et les inscrire à notre propre compte. Dans la construction de l'édifice de la foi chrétienne, les autres doctrines ne servent que de contrefort. C'est pourquoi il était nécessaire d'affirmer l'indignité des hommes, leur incapacité d'avoir de la valeur de manière naturelle ; il fallait également développer la doctrine de la divinité du Christ car seule la souffrance d'un tel être pouvait compenser la faute de l'espèce humaine, ainsi que la doctrine de la grâce libre de Dieu, pour expliquer la raison pour laquelle cette histoire à laquelle est liée notre salut pouvait rester inconnue de la moitié du monde sans que celle-ci soit coupable. Et ainsi pour d'autres doctrines voisines.Maintenant, si on écarte de l'idée insipide que, par ses souffrances, le Christ a effectivement supporté le châtiment du monde entier, et qu'on affirme seulement que Dieu a attaché à ces souffrances la rémission de nos péchés, qu'elles ont donc été la condition du retour de sa grâce, ce que l'homme ne peut certes comprendre à partir de son rapport moral à la divinité, et ce qui ne remédie en rien l'absurdité précédente, il ne reste alors que cette pensée essentielle : on pardonne aux hommes leurs fautes par un mérite qui leur est étranger, si du moins ils acceptent d'y croire.

*
* *

FRAGMENT 14

SUR L'IDÉE TRANSCENDANTE DE DIEU

Même si la raison spéculative pouvait prouver la réalité de l'existence de l'idée transcendante de Dieu en tant qu'il est l'être le plus réel, ou pouvait ne fût-ce que produire la foi en cet être, nous ne pourrions absolument pas connaître ce qu'il est en soi, ni le déterminer à partir de lui-même d'après ses qualités, à moins de nous aider de la contemplation de la nature et du concept d'une finalité du monde. Mais même avec l'aide de la contemplation de la nature, la raison spéculative échoue dans sa tentative d'octroyer l'essentialité et la détermination à son idéal : si plein qu'il semble, cet idéal serait vide, vide dans la mesure où il n'a d'intérêt que pour les hommes et non pour la logique ; c'est pourquoi seule la raison pratique peut fonder une foi en un Dieu.

A

La raison pratique produit par sa propre activité une loi qui, en tant que forme de la faculté supérieure de désirer, apparaît comme un fait. Schelling p. 32 : dans sa signification pratique, la représentation constitue la détermination immédiate du Moi contenu dans la représentation par le Moi absolu (ainsi que la suppression du non-Moi contenu dans la représentation pour autant qu'il est présent en celle-ci sous la forme du fait de déterminer) [1].

B

L'impulsion est une détermination par le non-Moi, une faculté sensible de désirer, la matière du vouloir, une faculté animale de désirer où la raison doit apporter l'ordre.

C

Qu'est-ce que vouloir librement ? Se déterminer, dans une autonomie absolue, à obéir ou désobéir à la loi, actions

[1] SCHELLING, *Ueber die Möglichkeit einer Form der Philosophie*, 1794. Traduction française in *Cahiers de philosophie politique*, n°I, Ousia, Bruxelles, 1983, p. 79, note I.

contradictoirement opposées ? Ou bien la liberté n'est-elle que la suppression de la détermination opérée par le non-Moi (cette liberté, Fichte la nomme liberté de l'arbitraire), le fait de se déterminer à satisfaire ou non une exigence de la faculté de désirer ? (Le chien également).

L'impulsion qui est déterminée ou limitée par la loi morale est conforme à la loi (elle est possible moralement) ; et si l'impulsion commandait au monde phénoménal, la dignité aussi serait légale (elle serait réelle moralement). La loi morale peut-elle reprendre tous les droits qu'elle a octroyés ? Si l'on renonce volontairement à toutes les exigences de l'impulsion, les droits subsistent-ils ? Si un homme qui ne pourrait conserver la jouissance des biens que le sort lui a accordés, par exemple une union heureuse, qu'à la condition qu'il désobéisse à la loi morale, préférait renoncer à ses biens, il perdrait aussi les droits qu'il avait à l'égard de ceux-ci. Maintenant, celui qui a renoncé à la jouissance de la félicité ne peut-il être considéré comme s'il avait simplement différé dans une autre vie le fait de faire valoir ses droits ? La nature peut exiger que la raison fasse valoir son droit chez cet homme dont les impulsions conformes à la loi n'ont pu faire passer leur droit en raison de la nature ou de la malveillance de l'homme, mais elle ne peut l'exiger chez celui qui a de lui-même renoncé aux impulsions. Le but final du monde que la raison pose est le bien suprême, la moralité et, proportionnellement à celle-ci, la félicité. Mais se pose t-elle à elle-même ce but final ? Elle exige sa réalisation, donc qu'un autre être la réalise, mais cet être ne peut être l'homme ou la causalité de la raison aussi longtemps que celle-ci est limitée par la sensibilité.

D

La divinité : réaliser, donner une valeur au pouvoir et aux droits que la raison a octroyés, c'est cette détermination qui doit déterminer toutes les autres qualités de la connaissance.

*
* *

FRAGMENT 15

DANS UNE RÉPUBLIQUE ON VIT POUR UNE IDÉE

Dans une république, c'est pour une Idée que l'on vit. Dans des monarchies, on vit toujours pour l'élément individuel, mais les hommes ne peuvent cependant y vivre sans une Idée, c'est pourquoi ils se construisent une Idée individuelle, un idéal. Dans les républiques, il s'agit d'une Idée telle qu'elle doit être ; dans les monarchies, d'un idéal qui est, qu'ils ont rarement créé eux-mêmes, la divinité. Dans la république, le grand esprit dirige toutes ses forces, physiques et morales, vers son Idée ; l'ensemble de ses activités est doté d'unité ; le pieux Chrétien qui se consacre entièrement au service de son idéal est un exalté mystique ; si son idéal l'emplit entièrement, s'il ne peut se partager entre cet idéal et son champ terrestre d'activités, et s'il tend toutes ses forces vers son idéal, alors apparaît une Guyon [1] – quant aux exigences d'intuitionner l'idéal, elles seront satisfaites par l'imagination hypertendue, et même la sensibilité affirme ses droits ; par exemple les innombrables moines et nonnes qui étaient amoureux de Jésus et s'imaginaient l'embrasser. L'Idée du républicain est telle que toutes ses forces les plus nobles trouvent leur satisfaction dans un vrai travail, alors que l'idée de l'exalté n'est que l'illusion de l'imagination.

*
* *

FRAGMENT 16

UNE FOI POSITIVE
EST
UN SYSTÈME DE PRINCIPES

Une foi positive est le système de principes religieux qui doit avoir une vérité pour nous, pour cette raison qu'il nous est imposé par une autorité à laquelle nous ne pouvons refuser de soumettre notre foi.

Dans ce concept de la foi positive se présente tout d'abord un système de principes ou de vérités religieuses qu'il faut considérer comme des vérités indépendamment de notre jugement. Même si personne ne les connaissait ou ne les tenait pour vraies, elles seraient encore des vérités, c'est pourquoi on leur a souvent donné le nom de vérités objectives. Mais il faut que ces vérités deviennent aussi des vérités pour nous, des vérités subjectives. L'entendement ou la raison *doivent* accepter en tant que telles ces vérités qui les concernent, et la volonté

1 Jeanne-Marie BOUVIER de la MOTTE-GUYON (1648-1717), fondatrice du quiétisme.

doit prendre pour maximes ces vérités qui contiennent des commandements qui lui sont adressés. Et le premier commandement, parmi ceux-ci, celui qui constitue la condition de tous les autres, est celui qui nous ordonne de considérer ces vérités en tant que telles – cet ordre nous est imposé par une autorité à laquelle nous ne pouvons absolument pas refuser d'obéir.

Le devoir de croire constitue un élément essentiel du concept de foi positive. Car une foi historique, en plus d'être la foi en ce que nos parents, éducateurs et amis nous racontent, est en même temps une foi en une autorité ; sous son premier aspect, elle trouve son fondement dans une confiance que nous accordons à ces personnes, et cette confiance est arbitraire, elle repose en grande partie sur la crédibilité des informations qui nous sont données ; par contre, la foi en l'autorité de doctrines positives ne dépend en rien de notre libre-arbitre : il faut fonder la confiance qu'on lui accorde avant même de connaître ou de juger le contenu des doctrines données.

Le droit que Dieu a sur nous – et notre devoir de lui obéir –, repose sur le fait qu'il est notre Maître et Seigneur tout puissant, et que nous sommes ses créatures et serviteurs ; repose en outre sur les bienfaits qu'Il nous accorde, sur notre devoir de gratitude ; et repose enfin sur le fait qu'Il est la source de la vérité, alors que nous, les ignorants, nous sommes aveugles. En ce qui concerne ces droits divins, remarquons seulement que les deux derniers fondements présupposent déjà un certain amour de la vérité, une certaine disposition morale, de sorte que particulièrement celui qui est ravi par les bienfaits de Dieu, part de cela même qui doit être prouvé ; en d'autres termes : notre devoir vis-à-vis de la religion positive se déduit en ce cas du fait qu'elle est un bienfait, et que donc obéir par gratitude signifie à proprement parler : plaire à Dieu, lui donner de la joie, etc...

Le premier motif de notre devoir est celui qui importe réellement, surtout parce qu'il s'adresse à l'homme sensible, car c'est en celui-ci que doit d'abord être produite une réflexion morale. Dans sa relation à Dieu, cet être se trouve confronté à une sorte de droit coercitif dont il ne peut fuir l'exercice. Si un esclave peut espérer échapper à son maître terrestre, se soustraire à l'influence de son pouvoir, ce n'est pas possible vis-à-vis de Dieu : « s'il s'enfuyait sur les ailes de l'aube, tu es là, s'il se cachait au plus profond de la mer, tu es aussi là » [1].

Celui qui reconnaît cette toute puissance qu'un être exerce non seulement sur les impulsions de sa vie, (chacun doit en effet reconnaître ce pouvoir, ne fût-ce que sous le nom de nature, destin ou providence), mais aussi sur son esprit, sur toute l'étendue de son être,

---

[1] Allusion au Psaume 138.

celui-là ne peut se soustraire à une foi positive. Être capable d'une telle foi, présuppose nécessairement la perte de la liberté et de l'autonomie de la raison, car celle-ci ne peut rien opposer à une puissance étrangère. Voilà donc le premier point d'où dérive toute croyance ou incroyance en une religion positive, et c'est en même temps le point central autour duquel gravitent toutes les querelles ; même si ce point n'est pas clairement conscient, il forme pourtant le motif de toute soumission ou de toute insoumission. Les orthodoxes doivent s'y tenir fermement, ne rien concéder, car s'ils admettent que la moralité constitue vraiment la fin suprême et absolue de l'humanité, s'ils admettent que la raison est capable (car ils ne peuvent nier ce qu'ils voient de leurs propres yeux), de construire un système pur de la morale, il leur faut pourtant affirmer que la raison est incapable d'avoir le primat sur les inclinations, de réaliser ses propres exigences ; ils doivent nécessairement définir ces exigences ainsi que la fin ultime de l'humanité de telle sorte que l'homme soit dépendant d'un être qui lui est extérieur, et ce, non pas dans la position de cette fin, mais du moins dans sa réalisation.

Si on présuppose cette incapacité de notre raison, ainsi que la dépendance de notre être tout entier – ce qui conditionne tout le reste –, il faut alors développer de manière entièrement historique la preuve qu'une certaine religion (par exemple la religion chrétienne) est une religion positive, donnée par Dieu. Ceci est d'autant plus facile que, si nous reconnaissons notre servitude, nous abandonnons par là même le critère d'un autre examen, nous renonçons entièrement au droit d'interroger nos motifs intérieurs, de vérifier si cette religion est conforme à la raison, ainsi qu'au droit d'examiner si les données des récits s'accordent aux lois de l'expérience. La question de savoir si cette religion est ou non conforme à la raison est complètement oiseuse ; elle peut être proposée en quelque sorte par ennui, mais je ne peux absolument pas considérer qu'elle contribuera à décider de ma foi. Devant le tribunal suprême, et dès lors qu'il a été reconnu, tous ceux qui lui sont subordonnés sont contraints de se taire. Ce que je tiens pour vrai car conforme à la raison, ne fait plus partie de ma foi positive ; quoiqu'il soit toujours possible que ce que je croyais d'abord parce que la foi me l'imposait, j'y crois maintenant parce que j'estime que c'est en accord avec ma raison, et que certains motifs m'en ont convaincu.

Seul celui qui est libre d'une foi positive peut espérer ou exiger que le contenu entier de la religion positive soit finalement considéré comme vrai à partir de notre propre raison ; mais celui qui croit ne peut entreprendre de reconduire ses doctrines positives à la raison, si ce n'est pour satisfaire l'incrédule. Si une telle question était posée, il faudrait plutôt, venant d'une religion révélée par Dieu, d'une religion qui contient donc les vérités divines, c'est-à-dire les vérités pensées par Dieu, il faudrait plutôt s'attendre au contraire, à savoir que la raison humaine ne puisse appréhender, mesurer les pensées de Dieu. Comment alors une foi positive peut-elle penser de telles vérités ? Comment celles-ci peuvent-elles être subjectives ? Et dans cette situation, comment est affecté l'esprit humain, comment est-il actif, comment est-il passif ?

Dire que la foi est une conviction vivante qui pousse à agir, une conviction accompagnée de sentiments, ce sont des déclarations trop indéterminées et qui, par là même, ne nous disent pas grand chose.

La religion chrétienne contient des commandements qui concernent soit les connaissances des objets et de leurs moments pratiques, soit les actions.

Pour que nous puissions communiquer à un autre nos expériences ou nos pensées, il faut que celui-ci ait déjà eu des expériences et des pensées analogues ; nous les lui montrons maintenant dans un autre contexte et nous le chargeons de les assembler de la manière dont nous les lui offrons. Il faut aussi que l'autre soit capable de réaliser en lui-même ces actes que nous lui indiquons. Les vérités de la religion chrétienne qui se rapportent au pouvoir de connaître concernent en partie l'imagination, en partie l'entendement, en partie la raison.

L'imagination accueille, avec la permission de l'entendement, les vérités historiques qui s'accordent avec nos autres lois de l'expérience, et ce qui, dans cet accueil, est nouveau pour elle, c'est le contexte dans lequel elle doit maintenant relier les représentations qu'elle avait déjà auparavant. Elle accueille ces vérités avec l'idée sous-jacente qu'elles constituaient des expériences effectives, des sentiments, et qu'en chaque homme qui a éprouvé ceux-ci, ils furent pour l'entendement l'occasion d'une activité nécessaire. C'est ce que signifie ici la foi. Mais maintenant se présentent des vérités historiques, dont un entendement exercé voit d'emblée qu'elles contredisent ses lois, et qui a donc tendance à les rejeter : ce sont les miracles et les autres données surnaturelles.

L'entendement n'est pas satisfait lorsqu'on renvoie à des causes supra-sensibles, car il ne comprend pas du tout cette réponse, elle ne signifie rien pour lui. Comment peut-on alors satisfaire le devoir de croire ? L'imagination est parfaitement satisfaite quand nous mentionnons une cause surnaturelle – la question lui est indifférente. Mais l'entendement rejette la poésie de l'imagination et ne lui accorde pas la parole lorsque se pose la question de la réalité d'une représentation. Il faut donc mettre en jeu une faculté supérieure, devant laquelle l'entendement lui-même doit se taire ; la foi deviendra alors affaire du devoir, sera renvoyée dans le domaine du supra-sensible où l'entendement n'a pas le droit de se manifester.

Croire, de ce point de vue, signifie maintenir par devoir, c'est-à-dire par peur du Maître tout-puissant, un ensemble de données qui sont offertes à l'imagination et dont l'entendement ne se satisfait jamais ; c'est donc contraindre l'entendement à apporter son aide à ce dont il a horreur, et lui emprunter le concept de cause ; mais sitôt qu'il veut intervenir d'une manière plus profonde, on chasse de la conscience ses exigences, on porte en celle-ci la connexion donnée à l'imagination, et par le fait qu'on la maintient, on refuse tout espace à l'entendement.

Pour satisfaire les exigences de la raison, on lui accorde les moments pratiques. Ceux-ci ne s'adressent pas à la volonté pour la déterminer à agir, mais à la loi ou à la raison qui impose ses exigences à la volonté et au monde sensible. Dans le système d'une religion positive, la raison ne peut avoir d'exigences qu'eu égard au monde sensible, et cette religion promet de les satisfaire. C'est la loi du Seigneur, la religion positive elle-même, qui pose ses exigences à la volonté, et ainsi la religion positive promet son soutien à la volonté. Cette volonté, en d'autres termes, dénuée de foi en ses propres forces, qui sent qu'elle ne pourra jamais atteindre les idéaux que la religion positive lui impose, acquiert l'assurance de recevoir une aide et un soutien d'en haut. Cette foi élève à la conscience et réfléchit cela même qui fondait en général la possibilité d'une foi positive : l'absence de force morale et le sentiment d'être une machine qui est certes capable de représentations, mais qui est mise en mouvement par des représentations données ; ce qui est réfléchi, c'est notre ignorance de la force qui actionne ces engrenages, ainsi que notre incapacité, si souvent éprouvée, d'être mis en mouvement par certaines représentations ; et à tout cela on relie l'espoir que le premier moteur de cette œuvre, ce maître qui est bon et miséricordieux, se préoccupe de celle-ci et lui vient en aide quand elle est paralysée. L'homme qui est dans la foi positive fait de sa situation tout entière, loyalement, l'objet de sa réflexion ; mais comme il est déterminé par les représentations qui lui sont données dans la religion positive, il s'imagine que cette détermination ne lui est pas venue par la médiation de ces représentations mais au contraire qu'elle dépend de son activité, de son essence elle-même. En ce qui concerne les exigences de la raison pratique que la religion positive promet de satisfaire, elles sont de deux sortes : celles dont la raison désire la réalisation et celles, en revanche, dont elle craint la réalisation ; les unes et les autres, la religion positive promet de les apaiser. Les expressions « la raison désire », « la raison craint », indiquent déjà que la sensibilité est ici en jeu, que c'est peut-être elle qui à vrai dire suggère à la raison de formuler ces exigences et que c'est finalement elle, la sensibilité, qui veut être satisfaite. Dans ce postulat, célèbre particulièrement ces derniers temps, et qu'on rencontre chez tous les peuples, de l'harmonie de la félicité et de la moralité, comment la raison en arrive-t-elle à formuler une exigence vis-à-vis de ce qu'elle reconnaît comme indépendant d'elle et indéterminable par elle ? La raison qui, en chaque sujet, s'est épanouie jusqu'à atteindre un certain degré de domination, de pouvoir, donne à la conscience ce sentiment du devoir, de domination.

Si elle se tourne ainsi vers la volonté, lorsque celle-ci a un objet déterminé de l'impulsion, cette impulsion agit alors selon la forme donnée par la raison, elle lui fournit les forces physiques. Que ces dernières soient victorieuses ou vaincues lors du combat contre des forces étrangères qui lui résistent, si la volonté reste ferme, la raison sera satisfaite dans chaque cas. Et si quelqu'un est mort pour l'honneur, ou pour sa patrie, ou pour la vertu, seule notre époque a pu dire que cet homme aurait mérité un meilleur destin.

Là où la raison trouve une volonté qui est plutôt dominée par les penchants sensibles et trouve rarement l'occasion de s'adresser à la volonté, chez de tels sujets, la sensibilité entend la voix de la raison, son « tu dois » ; elle explique selon ses propres besoins ce « tu dois » et elle l'interprète comme un désir de félicité, alors que ce désir diffère de l'exigence sensible de félicité en ce qu'il se fonde sur une voix de la raison et qu'il présuppose en celle-ci un pouvoir d'exprimer un « tu dois ». Et cette exigence légitimée en quelque sorte par la raison signifie alors : dignité à accéder à la félicité ; et son indignité signifie inversement que la raison est incapable d'exprimer un « tu dois », qu'elle est soumise et donc impuissante vis-à-vis des circonstances extérieures. Dans les deux cas, la raison n'exige pas immédiatement la félicité : ce concept lui appartient tout aussi peu que la sensation à l'entendement * . Elle ne fait que donner ou non à la conscience son « tu dois », lequel est saisi par la sensibilité. Cette raison ne détermine pas du tout ce que doit être l'objet de ce « tu dois », elle n'a aucun objet sous sa domination. Même ainsi amalgamée avec la sensibilité, la raison exige une réalisation de son objet, et du fait qu'elle ne peut réaliser ce mélange (car le mélange avec la nature l'affaiblit et la rend impure), elle réclame donc un être étranger, qui

---

* C'est l'activité de la raison d'exiger de manière inconditionnelle. Et la sensibilité est à la source de l'exigence de félicité.

exerce cette domination sur la nature, cette nature qui maintenant lui fait défaut mais qu'elle ne peut plus dédaigner.

De ce point de vue, la foi signifie un manque de conscience du fait que la raison est absolue, achevée en elle-même, que son idée infinie doit nécessairement être créée seulement à partir d'elle-même, à l'abri de tout mélange étranger, et que cette idée ne peut être achevée qu'en éloignant d'elle cet élément étranger importun, et non pas en lui attribuant cet élément. Le but final de la raison, conditionné de cette manière, fournit la croyance morale en l'existence de Dieu. Cette croyance ne peut être pratique dans la mesure où elle pourrait pousser la volonté à réaliser ce but final, mais elle ne pousserait qu'à réaliser la partie de ce but qui dépend de la volonté, ce à quoi elle est d'autant plus disposée qu'elle observe que la sensibilité y trouve elle aussi son compte. Celui qui a donné une fin à sa propre existence sans y inclure la seconde partie, la félicité, comme par un exemple un républicain ou un guerrier qui, s'il ne combat pas pour une patrie le fait du moins pour l'honneur, cet homme possède une fin dont la réalisation dépendra entièrement de lui-même et il n'a donc besoin d'aucune aide étrangère. La religion positive soutient cette foi morale aussi par des images, des données destinées à l'imagination, dont elle rend proche cet objet ; elle en fait tellement un objet qu'elle raconte qu'il a, ici et là, été donné aux hommes d'en faire l'expérience. Un autre besoin célèbre de la raison, auquel elle ne peut donner aucune réponse satisfaisante, est son désir d'être apaisée à l'égard des châtiments qu'entraine nécessairement l'immoralité.

*
* *

FRAGMENT 17

DISCUSSION SUR LES MIRACLES

La discussion sur *la possibilité et la réalité des miracles* se déroule devant diverses cours de justice, et l'on ne pourra la soustraire à la confusion que lorsqu'on aura averti les parties en dispute de la chose suivante : *tous s'accordent quant à la vérité pour l'imagination,* et les miracles ne sont inaccessibles que pour l'imagination de ceux dont l'entendement se mêle de cette question. La faculté de juger se trouve du moins toujours attirée dans cette affaire, pour juger de la finalité en fonction du but prédonné.

Du côté de la faculté de juger esthétique, de la liberté de l'imagination, *Herder* a le premier, sinon le seul, traité l'Ancien Testament en ce sens, un travail auquel le Nouveau Testament ne se prête pas. Ceux qui contestent les miracles tirent généralement l'affaire devant le tribunal de l'entendement. Leurs armes sont l'expérience et les lois de la Nature. Les défenseurs des miracles combattent pour leur cause avec les armes d'une raison, non la raison autonome – qui, indépendante, ne se pose des buts qu'à partir de sa propre essence –, mais une raison à laquelle des buts sont donnés de l'extérieur, et qui réfléchit ces derniers, et leur trouve des buts subordonnés, ou en déduit des buts plus élevés.

La contradiction qui règne entre les deux parties sur la question de savoir si, *pour le fondement de la science la plus élevée pour l'homme, l'on devrait partir d'une histoire,* se réduit à la question suivante : le but suprême de la raison peut-il ne lui être donné qu'à partir d'elle-même, et si ce but lui est donné de l'extérieur ou par une autorité étrangère, cela ne contredit-il pas son être le plus intérieur ? – ou la raison est-elle incapable de se donner elle-même son but suprême ?

C'est à ce seul point que ceux qui s'opposent aux miracles devraient arrêter ceux qui s'en font les défenseurs. S'en tenir à des explications historiques et exégétiques, se placer sur leur terrain, signifie qu'on ignore son droit ou qu'on ne l'affirme pas, et les défenseurs des miracles gagnent le jeu. Car, même si on pouvait montrer pour chaque miracle pris séparément qu'on peut l'expliquer naturellement (cependant toutes les explications de ce genre tentées jusqu'aujourd'hui sont pour la plupart tout à fait forcées et, dans leur ensemble, elles ne pourront satisfaire tout le monde que quand sera devenu universel le principe selon lequel le but suprême de la raison ne peut être imposé par une histoire ou une autorité, quelles qu'elles soient), on aurait, même ainsi, déjà concédé trop de terrain aux défenseurs.

Il suffirait qu'*un seul* miracle ne puisse être expliqué et la raison aurait perdu son droit. Tel est le point de vue élevé où nous devons nous placer. S'abandonner au déroulement de la discussion devant le tribunal de l'entendement prouve déjà que nous ne nous y sommes pas encore installés, que le récit des événements miraculeux nous a déconcertés, que nous n'osons simplement les rejeter depuis cette instance, et que les faits qu'on nous présente comme des miracles pourraient renverser cette autonomie de la raison.

Si l'on se place avec les défenseurs des miracles sur le terrain de l'entendement, on discute dans ce cas, de long en large, de la possibilité et de l'impossibilité. Ce point reste lui aussi en général indécidé, et lorsqu'on en vient à des cas singuliers, celui qui conteste les miracles exige soit que les perceptions soient élevées à l'expérience, c'est-à-dire qu'on les explique par les lois de la Nature, ou, s'il en doute, il nie les perceptions elles-mêmes et les deux parties ne se comprennent plus l'une l'autre.

Qui plaide en faveur des miracles ne peut comprendre l'intérêt qui anime celui qui les récuse par des explications, ou qui les nie, car le fait que celui qui les conteste s'est laissé entraîner sur ce terrain, trahit son indécision sur la question de savoir si sa raison peut répondre d'elle-même ou non.

Dans son angoisse, l'inhabilité qu'il montre et qu'il doit montrer en voulant tout expliquer le rend en partie haïssable, car on ne lui suppose que de mauvaises intentions, et il trahit partiellement le fait qu'il pourrait craindre même le plus petit reste d'un miracle et qu'il cherche bien souvent plus à s'assourdir qu'à obtenir une vision plus claire, le calme sans prévention et la certitude. Mais si celui qui conteste les miracles décide avec une intention polémique de détourner l'autre, de le ramener à un point de vue inférieur, il entreprend alors de laver à blanc un maure, il l'induit en doute et le met dans une situation où il perd toute contenance.

*

* *

FRAGMENT 18

CHAQUE PEUPLE EUT SES PROPRES OBJETS DE L'IMAGINATION

Chaque peuple eut ses propres objets de l'imagination, ses dieux, anges, diables ou saints qui survivent dans ses traditions, et dont la nourrice raconte les histoires et les exploits aux enfants, qu'elle attire en impressionnant leur imagination ; c'est ainsi que survivent ces histoires.

Outre ces créations de l'imagination, vivent dans le souvenir de la plupart des peuples, particulièrement des peuples libres, les anciens héros de l'histoire de leur patrie, les fondateurs ou libérateurs des États, et surtout les hommes plus valeureux d'avant l'époque où le peuple s'unit en un État régi par des lois civiles.

Ces héros ne vivent pas isolés dans la seule imagination des peuples ; leur histoire – le souvenir de leurs exploits – est liée à des fêtes publiques, jeux nationaux, à maintes institutions internes ou relations avec d'autres États, à des familles et régions réputées, à des temples publics et autres monuments.

Chaque peuple qui possède sa propre religion et sa propre Constitution, ou qui a reçu des nations étrangères une partie de cette religion et Constitution ainsi que de sa culture, mais les a complètement fait siennes, a eu une telle imagination nationale – ainsi que les Égyptiens, les Juifs, les Grecs, les Romains. Même les anciens Germains, les Gaulois, les Scandinaves eurent leur Walhalla où habitaient leurs dieux, leurs héros qui vivaient dans leurs chants et dont ils exaltaient les exploits dans les batailles, ou qui, lors de festins, emplissaient leur âme de grandes résolutions ; ces peuples eurent leurs bosquets sacrés où ces divinités leur étaient toutes proches.

Le Christianisme a dépeuplé le Walhalla, abattu à coups de hache les bosquets sacrés, extirpé l'imagination du peuple comme une superstition honteuse, comme un poison diabolique, et nous a donné en échange l'imagination d'un peuple dont le climat, la législation, la culture et les intérêts nous sont étrangers, dont l'histoire n'a absolument aucun lien avec nous. Dans l'imagination de notre peuple vivent un David, un Salomon ; mais les héros de notre patrie sommeillent dans les livres d'histoire des érudits, et pour ceux-ci un Alexandre, un César, etc...présentent autant d'intérêt que l'histoire d'un Charlemagne ou d'un Frédéric Barberousse.

Hormis peut-être Luther chez les protestants, quels pourraient être nos héros, nous qui n'avons jamais formé une nation ?

Qui serait notre Thésée, qui aurait fondé un État et lui aurait donné ses lois ? Ou sont nos Harmodios et nos Aristogiton, libérateurs de nos pays, pour qui nous chanterions des scolies ?

Les guerres qui ont englouti des millions d'Allemands, furent motivées par l'ambition et l'indépendance des princes ; la nation ne fut qu'un instrument, et même si elle combattit avec rage et acharnement, elle ne put finalement que demander : « Pourquoi ? » ou « Qu'avons-nous gagné ? ».

La Réforme, la prétention sanguinaire du droit de faire une Réforme est un des rares événements pour lequel une partie de la nation manifesta un intérêt, et un intérêt qui ne s'est certes pas évanoui en fumée et dissipé avec le refroidissement de l'imagination, comme celui qu'éveillèrent les croisades, mais qui fut animé par le sentiment d'un droit durable, du droit de suivre, en matière d'opinions religieuses, les convictions qu'on a acquises par soi-même ou qu'on a reçues ; mais en dehors des lectures de la Confession d'Augsbourg généralement annuelles dans quelques Églises protestantes et qui ennuient habituellement tous les auditeurs, et en dehors du froid sermon qui y succède, quelle est la fête qui célèbre le souvenir de cet événement ? C'est comme si les autorités religieuses et politiques voyaient avec plaisir que sommeillent en nous, et que ne soient même pas conservés vivants, les souvenirs de ce que nos grands-parents ont jadis senti ce droit et qu'ils exposèrent par milliers leur vie en revendiquant un tel droit.

Celui qui vivait *un* an dans les murs de la ville d'Athènes tout en ignorant son histoire, sa culture, et sa législation, pouvait arriver à la connaître assez bien par ses fêtes.

Ainsi sommes-nous dépourvus d'une imagination religieuse qui aurait grandi sur notre sol et serait liée à notre histoire ; et nous sommes absolument privés de toute imagination politique. Seul un résidu d'imagination se glisse furtivement ça et là parmi le peuple sous le nom de superstition. En tant que croyance en des revenants, ce résidu d'imagination conserve le souvenir d'une colline jadis hantée par des chevaliers, d'une maison visitée par des moines ou des nonnes, ou d'une maison où un intendant tenu pour déloyal ou un voisin n'ont pas encore trouvé le repos dans la tombe. En tant que fruit d'une imagination qui ne puise pas dans l'histoire, ce résidu singe au moyen de la sorcellerie des hommes faibles ou méchants, tristes et maigres résidus de la tentative d'accéder à l'indépendance ou à un bien propre, résidus dont on considère en général qu'il est du devoir de toute la classe éclairée de la nation de les extirper complètement. En raison de cette disposition d'esprit de la partie la plus huppée de la nation, et en dehors du fait que la matière elle-même présente un aspect sauvage et grossier, il n'est plus du tout question de pouvoir ennoblir ce résidu de mythologie et d'affiner ainsi la manière de sentir d'un peuple ainsi que son imagination.

Les aimables plaisanteries d'un Hölty, d'un Bürger ou d'un Musäus dans ce domaine échappent complètement à notre peuple, trop en retard pour le reste de sa culture pour être réceptif aux plaisirs qu'elles donnent ; de même l'imagination des couches plus cultivées de la nation porte sur un domaine complètement différent de celui qui correspond à l'imagination des classes populaires, de sorte que les écrivains et les artistes qui travaillent pour les premières ne sont absolument pas compris par ces dernières, même en ce qui concerne les scènes et les personnages.

En revanche le citoyen athénien qui, en raison de sa pauvreté, ne pouvait donner sa voix à l'assemblée publique du peuple, ou qui était même contraint de se vendre comme esclave, savait, tout aussi bien qu'un Périclès et un Albiciade, qui étaient cet Agamémnon, cet Œdipe qu'un Sophocle et un Euripide représentaient au théâtre sous les nobles figures d'une humanité belle et sublime, ou qu'un Phidias et un Appel présentaient sous les formes pures d'une beauté corporelle.

Chez Shakespeare, en dehors du fait que beaucoup de personnages sont historiquement célèbres, la vérité des caractères est représentée de telle manière qu'elle a profondément imprégné le peuple anglais, et formé pour lui un ensemble de représentations de l'imagination qui lui est propre ; si bien que dans les expositions de peinture ce peuple comprend bien et peut ressentir librement la partie où les plus grands maîtres rivalisent : les figures de la galerie shakespearienne.

L'élaboration poétique de cet ensemble de représentations de l'imagination qui serait commun à la partie cultivée de notre nation – l'élaboration poétique de l'histoire religieuse – pourrait certes ennoblir la nation ; mais, eu égard à la partie non cultivée, elle présente, parmi d'autres désagréments, l'inconvénient suivant : cette partie de la nation est trop rigidement attachée au contenu comme à une affaire de foi ; et eu égard à la partie cultivée, cette élaboration présente l'inconvénient suivant : même si le poète a su donner une grande beauté à son sujet, les noms portent déjà en eux-mêmes l'idée de quelque chose de gothique ou de vieux français [1] ; et ils entraînent en outre, en raison de la violence avec laquelle ils s'annoncèrent à la raison dès la jeunesse, un sentiment de malaise qui s'oppose à la jouissance de la beauté, jouissance qui provient du libre jeu des facultés de l'âme [2] ; et même si chez quelques individus l'imagination s'est affirmée librement et ne tend que vers ce qui est beau et grand, on voit pourtant à l'ensemble de leurs idéaux, ou à leur sensibilité à l'égard de ceux-ci, que ces idéaux furent taillés dans le catéchisme.

Lorsque se répandirent le goût de l'ancienne littérature ainsi que celui des Beaux-Arts, la partie la plus cultivée de la nation accueillit

[1] Hegel songe-t-il au *Messie* de KLOPSTOCK ?

[2] *Aus dem freien Spiele der Seelenkräfte* : allusion à KANT ? Mais dans la *Critique du jugement* le libre jeu concerne les *Gemutskräfte* (§ 9, 15), les *Erkenntnisvermögen* (§ 9), les *Vorstellungskräfte* (§ 9) et non pas les *Seelenkräfte*.

dans son imagination la mythologie des Grecs, et ce fait qu'elle a été sensible à ces représentations montre sa grande autonomie et son indépendance à l'égard de l'entendement, lequel n'aurait pu s'empêcher de perturber la libre jouissance qu'elle en retirait.

D'autres tentèrent de redonner aux Allemands une imagination propre qui êut grandi sur leur terre et sur leur sol ; et ils leur rappelaient : « le pays des Achéens est-il donc celui des Teutons ? » [3]. Seulement une telle imagination n'est pas celle des Allemands d'aujourd'hui. Restaurer l'imagination perdue d'une nation fut de tout temps une entreprise vaine, et pouvait encore moins réussir que la tentative de Julien, qui voulait faire revivre dans ses contemporains la mythologie de ses pères, avec la force et l'universalité qu'elle avait eues autrefois, tentative dont la réussite était bien plus vraisemblable parce que les âmes étaient encore emplies de cette ancienne mythologie, et que l'empereur disposait encore de nombreux moyens pour donner la priorité à cette mythologie.

Cette ancienne imagination allemande ne trouve rien dans notre époque à quoi elle puisse s'accrocher, se nouer ; elle est aussi détachée de l'ensemble de nos représentations, opinions et croyances, elle nous est aussi étrangère que l'imagination ossianique ou indienne, et ce que le poète rappelle à son peuple eu égard à la mythologie grecque, on pourrait à bon droit le lui rappeler à lui et à son peuple eu égard à la mythologie judaïque, et demander : « le pays de Judas est-il donc celui des Teutons ? ».

Tout comme l'imagination aime la liberté, de même il importe que l'imagination religieuse d'un peuple soit solide, qu'elle lie son système moins à une certaine époque qu'à un certain lieu ; cette connaissance du lieu constitue pour le peuple une preuve supplémentaire et la plus sûre que l'histoire qu'on en raconte est vraie.

De là la présence vivante de leur mythologie dans les âmes des Grecs, de là la force de la foi des Catholiques en leurs saints et faiseurs de miracles ; pour les Catholiques, ces miracles qui furent accomplis dans leur pays sont bien plus présents et plus importants que ceux qui, même s'ils furent plus grandioses, furent accomplis en d'autres pays où même par le Christ.

Chaque pays a en général son saint-patron qui y a accompli des miracles particuliers et y est honoré en priorité. En outre, chaque peuple se croit distingué et honoré par l'attention particulière qu'un tel

---

[3] Hegel songe à l'ode de KLOPSTOCK : *Der Hügel und der Hain* (la colline et le bois sacré) (1767), où le poète pose cette question.

patron lui a dédiée, et le fait que celui-ci le préfère à d'autres peuples augmente l'attachement envers lui, comme c'est le cas chez les Juifs. C'est ainsi qu'une telle imagination entre dans les habitudes d'un peuple.

Ce qui constitue vraiment l'histoire dans nos livres saints (comme la plus grande partie de l'Ancien Testament, et non pas comme le Nouveau qui entraîne le devoir de croire), et qui peut donc devenir objet de l'imagination populaire, est à ce point étranger à nos mœurs et à notre Constitution, à la culture de nos facultés corporelles et de l'âme, que nous ne pouvons nous y rattacher presqu'en aucun point, si ce n'est, ici et là, par la nature humaine universelle. Et il nous faut exiger l'universalité pour celui qui commence à être éclairé, c'est-à-dire exiger l'universalité pour les lois de son entendement et de son expérience – et le nombre des hommes de ce genre augmente de plus en plus ; attitude en grande partie insipide et dont seules deux classes de lecteurs peuvent faire usage : la première, qui accepte avec une sainte naïveté toute chose comme vraie, au sens où elle est persuadée que l'expérience universelle y aurait accès ; la seconde, qui ne songe absolument pas à cette question de la vérité ou de la non-vérité pour l'entendement, mais qui ne pense qu'à la vérité subjective, à la vérité pour l'imagination, comme on peut le lire chez Herder.

[On peut observer ces différentes manière de lire les anciennes légendes selon le point de vue de l'entendement ou celui de l'imagination – à travers l'exemple de l'histoire de Moïse, dont on raconte qu'il a vu Dieu au mont Sinaï. Un lecteur chrétien habituel accueillera cette histoire en pensant que la vision de Moïse est une perception sensible qui obéit aux lois de toutes les perceptions sensibles. Éclairée et adoptant le point de vue de l'entendement, Recha [4] dit : « Ou qu'il se soit tenu, il était devant Dieu. » ; elle admet l'existence objective de Dieu mais nie la possibilité de le percevoir par des sens humains et affirme que Dieu est partout présent à l'homme, même si celui-ci n'y pense pas, par quoi elle nie en particulier la présence sensible de Dieu. On peut encore prétendre en un autre sens que la divinité fut vraiment présente à Moïse en ce lieu et en cet instant où il crut avoir ressenti sa présence : en tant que cette sensation a une vérité pour nous mais sans vouloir se prononcer sur l'objet, duquel il ne peut être question dans ce jugement ; on affirme seulement qu'au moment et en ce lieu où l'homme ne pense pas à Dieu, Dieu n'est pas présent.

---

[4] Dans la scène II de l'acte III du *Nathan* de LESSING.

Le premier jugement affirme la perception sensible de Dieu comme d'un objet ; le second nie la perception sensible mais affirme que Dieu fut présent ; le troisième affirme la perception de Dieu mais non en tant qu'un objet. Le premier dit que les sens et l'entendement ont agi en Moïse, le second que seule l'imagination est intervenue, et le troisième que l'imagination et la raison agirent en lui. A ce que le deuxième jugement prononce, ne correspond que l'objet, et il le juge en tant qu'objet d'après les lois de son entendement et de son expérience ; à l'esprit de celui qui émet le troisième jugement, parle immédiatement l'esprit de Moïse – qu'il comprend et qui lui est révélé sans souci pour l'objet.

Le premier jugement énonce une vérité subjective et objective, le second une vérité objective mais une erreur subjective, le troisième jugement énonce une vérité subjective – et s'il est permis de l'exprimer ainsi – une erreur objective [5].]

Si les Grecs eurent des légendes religieuses, ce fut presque dans l'unique but d'avoir des dieux auxquels ils pussent exprimer leur reconnaissance, pour lesquels ils pussent construire des autels et leur offrir des sacrifices ; l'histoire sainte devrait au contraire nous être utile à divers égards, nous devrions y apprendre et y lire diverses choses en ce qui concerne la morale. Mais une faculté de juger morale saine qui s'y résout est très souvent obligée d'introduire elle-même l'élément moral dans la plupart des histoires, plutôt qu'elle n'y trouve quelque chose de moral ; elle serait même embarrassée s'il lui fallait s'accorder aux principes de bien de ces histoires. L'utilité et l'effet principal qu'un homme pieux peut ressentir à la lecture de ces histoires saintes résident dans l'édification, c'est-à-dire l'éveil de saints et obscurs sentiments (puisqu'il manie maintenant les représentations de Dieu) ; la confusion de ces sentiments fait renoncer à obtenir une vision morale, mais entraîne en général un renforcement d'autres passions dites saintes, comme un zèle mal compris envers l'honneur de Dieu, une pieuse arrogance, une vanité, une léthargie soumise à la volonté divine.

Différence entre l'imagination grecque et la religion positive chrétienne.

Comparer leur bonheur et leur science avec le malheur et l'obscurité que connurent les païens, voilà qui procure aux Chrétiens

[5] Cette partie du texte entre crochets est, dans le manuscrit, une note en bas de page.

un sentiment des plus agréables, et poser ce bonheur de manière vivante devant les yeux de leurs ouailles, constitue l'un des lieux communs vers lequel les bergers spirituels les conduisent de préférence : vers le pâturage de l'autosatisfaction et de l'humilité orgueilleuse.

Les païens aveugles se tirent en général assez mal de cette comparaison. On les plaint particulièrement parce que leur religion ne leur est d'aucune consolation : elle ne leur promet aucune rémission des péchés, et surtout elle ne leur apporte pas la foi en une providence qui guide leur destin selon des fins sages et bienfaisantes. Mais nous pouvons bientôt nous rendre compte que nous pouvons nous épargner notre compassion : car nous ne trouvons pas chez les Grecs ces mêmes besoins qu'éprouve notre raison pratique actuelle – que l'on charge d'ailleurs en général vraiment trop.

Le fait que la religion chrétienne ait supplanté la religion païenne constitue l'une des révolutions les plus extraordinaires, et les penseurs érudits de l'histoire doivent se consacrer à la recherche de ses causes. Une révolution silencieuse et secrète doit avoir précédé dans l'esprit de l'époque les grandes révolutions qui se manifestent au grand jour ; cette révolution n'est pas visible à tout œil, elle est encore moins observable par les contemporains, et il est tout aussi difficile de l'exprimer verbalement que de la concevoir en pensée. Le manque de connaissance de ces révolutions qui eurent lieu dans le monde de l'esprit fait que l'on s'étonne du résultat ; une révolution de ce genre, par laquelle une religion indigène et très ancienne est refoulée par une religion étrangère, une telle révolution qui se transpose immédiatement dans le domaine de l'esprit doit avoir d'autant plus immédiatement ses causes dans l'esprit de l'époque elle-même.

Comment a-t-on pu refouler une religion qui s'était établie depuis des siècles dans les États, qui était liée de la manière la plus intime à la Constitution de l'État ? Comment put disparaître la foi en des dieux auxquels les Cités et Empires attribuaient leur origine, et auxquels les peuples offraient chaque jour des sacrifices ? En des Dieux dont les peuples invoquaient la bénédiction pour toute chose et sous la bannière desquels seules les armées pouvaient avoir remporté leurs victoires, et qu'elles remerciaient pour ces victoires ? En des Dieux auxquels la joie dédiait ses chants et le sérieux ses prières, et dont les temples, autels, richesses et statues faisaient la fierté des peuples et la gloire des arts ? En des Dieux dont le culte et les fastes n'étaient que l'occasion de liesse plus générale ? Comment la foi en ces Dieux, qui s'était tissée par mille et un fils dans la trame de la vie humaine, put-elle être arrachée de ces liens ?

La volonté de l'esprit, jointe à d'autres forces corporelles, peut s'opposer à une habitude corporelle ; outre la ferme volonté, d'autres forces spirituelles peuvent s'opposer à l'habitude d'une force spirituelle isolée. Mais une habitude spirituelle qui n'est pas isolée, comme l'est très souvent aujourd'hui la religion, mais se coule au contraire dans tous les aspects des pouvoirs humains, et qui est même tissée de la manière la plus intime au pouvoir le plus spontané – quelle force doit avoir le contre-poids qui puisse surmonter une telle puissance ?

Le fait que les peuples prirent connaissance du Christianisme eut pour effet négatif que leur attention fut attirée par l'insuffisance de leur religion, et par le fait qu'elle n'apporte aucune consolation ; leur entendement perçut le côté insensé et ridicule des fables de leur mythologie, et il n'en fut dès lors plus satisfait ; l'effet positif fut que les peuples adoptèrent le Christianisme, cette religion qui est si bien accordée à tous les besoins de l'esprit et du cœur humain, qui répond de manière si satisfaisante à toutes les questions de la raison humaine, et qui, en outre, atteste son origine divine par des miracles.

Telle est la réponse habituelle à la question posée plus haut, et les expressions qu'on emploie à ce propos : la lumière apportée par l'entendement, la nouvelle vision et d'autres de ce genre, nous sont si familières, que lorsque nous en faisons usage, nous croyons avoir pensé de grandes choses et avoir tout expliqué ; et si nous nous imaginons que cette opération est si facile et son effet si naturel, c'est qu'il nous est en effet bien facile de faire comprendre à un enfant combien il est insensé de croire qu'il y a là-haut une bande de dieux, comme le croyaient les païens, qui font du tapage, mangent et boivent, se chamaillent et font encore d'autres choses que tout homme décent sur terre aurait honte de faire.

Mais celui qui a fait la simple constatation que ces païens étaient aussi doués d'entendement, et qu'ils sont en outre encore toujours nos modèles pour tout ce qui est grand, beau, noble et libre, de sorte que nous ne pouvons que nous étonner face à ces hommes comme s'ils étaient d'une espèce qui nous est étrangère. Celui qui sait que la religion, en particulier une religion de l'imagination, n'est pas arrachée du cœur, tout au moins du cœur et de la vie tout entière d'un peuple, à l'aide de froids syllogismes élaborés dans une chambre d'étude ; celui qui sait, en outre, que dans la diffusion de la religion chrétienne on a fait usage de tout autres moyens que de raison et d'entendement ; celui qui, au lieu de trouver dans les miracles une explication du fait que le Christianisme a été accueilli, a d'abord soulevé la question : quel fut donc le caractère de cette époque pour qu'y fussent possibles des miracles et justement ceux que nous rapporte l'histoire ? Celui qui s'est déjà adonné à de telles reflexions trouvera insatisfaisante la réponse apportée à la question soulevée plus haut.

La ville libre de Rome s'est assujetti un grand nombre d'États qui avaient perdu leur liberté – d'abord en Asie, ensuite en Occident –, et en a détruit quelques autres qui étaient encore libres – car ils ne s'étaient pas laissés assujettir ; à celle qui domina le monde, il ne restait plus qu'un ultime honneur, celui d'être au moins la dernière à perdre sa liberté. La religion grecque et romaine n'était une religion que pour des peuples libres, et avec la perte de la liberté, devaient aussi se perdre le sens et la force de cette religion [6] et le fait qu'elle était à la mesure des hommes. A quoi bon des canons si l'armée a épuisé ses munitions ? Elle doit chercher d'autres armes. A quoi servent les filets du pêcheur si la rivière est à sec ?

En tant qu'hommes libres, les Grecs et les Romains obéissaient aux lois qu'ils s'étaient données à eux-mêmes, ils obéissaient aux hommes qu'ils avaient eux-mêmes placés à leur tête et menaient les guerres qu'ils avaient décidées ; ils faisaient don de leurs biens et de leurs passions, ils sacrifiaient mille vies à une cause qui était la leur ; ils n'enseignaient ni n'apprenaient des règles de vertu, mais les exerçaient dans des actions qu'ils pouvaient vraiment considérer comme les leurs ; dans la vie publique comme dans la vie privée et domestique, chacun était un homme libre, chacun vivait selon ses propres lois.

Pour chacun l'idée de sa patrie, de son État, était l'invisible, la chose la plus élevée pour laquelle il travaillait et qui lui donnait son impulsion, c'était pour lui le but final du monde ou le but final de son monde – qu'il trouvait présent dans la réalité ou qu'il contribuait lui-même à présenter et à maintenir. Devant cette idée, son individualité disparaissait. Il n'exigeait conservation, vie et durée que pour cette idée, et pouvait ainsi réaliser son but.

Demander et quémander durée et vie éternelle pour son individualité, il ne pouvait y songer – ou rarement ; en des moments d'inactivité et d'indolence il pouvait alors ressentir un peu plus intensément un désir qui ne concernait que lui.

---

[6] Littéralement, on peut traduire : « le sens et la force de cette liberté » (*derselben*). Le contexte suggère qu'il s'agit de la perte du sens et de la force *de la religion* grecque et romaine.

Ce n'est qu'au moment où ce qui avait représenté pour lui l'ordre le plus élevé des choses, son monde, lorsque sa république fut détruite, que Caton se tourna vers le *Phédon* de Platon, alors seulement il prit la fuite, vers un ordre plus élevé encore [7].

Dans le domaine de la nature, leurs dieux régnaient sur toutes choses qui peuvent faire souffrir les hommes ou les rendre heureux. De grandes passions étaient leur œuvre, tout comme de grands dons de sagesse, d'éloquence et de conseil constituaient leur cadeau.

On les consultait à propos de l'issue heureuse ou malheureuse d'une entreprise et on implorait leur bénédiction ; on les remerciait pour leurs présents en tout genre. S'il entrait en collision avec eux, l'homme pouvait, quant à lui, opposer sa liberté à ces maîtres de la nature, à cette puissance elle-même. La volonté des hommes était libre, obéissait à ses propres lois, ils ne connaissaient pas de commandements divins, ou, s'ils qualifiaient la loi morale de commandement divin, celui-ci ne leur était donné nulle part en toutes lettres, il régnait de manière invisible (Antigone). En cela les hommes reconnaissaient à chacun le droit d'avoir sa volonté, qu'elle fût bonne ou mauvaise. Les bons reconnaissaient pour eux-mêmes le devoir d'être bons, mais ils respectaient aussi chez l'autre la liberté de pouvoir ne pas l'être, et ils n'instituaient ainsi ni de morale divine, ni de morale faite par eux-mêmes, ou abstraite, qu'ils eussent exigée des autres.

Des guerres heureuses, un accroissement de la richesse et l'habitude prise de plus de confort dans la vie et de luxe, produisirent à Athènes et à Rome une aristocratie de la gloire guerrière et de la richesse, on octroya à ses membres maîtrise et influence sur beaucoup d'hommes ; ces derniers, corrompus par les actes et plus encore par l'usage que ces hommes influents faisaient de leurs richesses, leur concédèrent volontiers et librement une hégémonie et une puissance dans l'État ; ils étaient conscients de les avoir données à ces hommes et de pouvoir les leur retirer au premier accès de mauvaise humeur.

Mais peu à peu ils cessèrent de mériter le reproche qu'on leur faisait si souvent : qu'ils n'étaient en effet pas reconnaissants envers ceux qui les dominaient, qu'au moment de choisir entre l'injustice et la liberté, ils préféraient la première, et qu'ils pouvaient maudire les vertus d'un homme quand elles menaient leur patrie à sa déchéance. L'hégémonie

---

[7] Dès l'époque de Tübingen, Hegel voit en Caton le Jeune, le représentant de l'esprit républicain tout entier animé par l'idée de sa patrie (Cf. NOHL, p. 356). Dans son écrit sur la *Constitution,* il fera observer que si Caton a favorisé le projet de remettre tous les pouvoirs à Pompée, son intention était d'éviter l'anarchie qui menaçait les républiques, l'anarchie qui « est le plus grand des maux » *(Écrits politiques,* éd. Champ Libre, Paris, 1977, p. 120).

concédée librement s'affirma bientôt avec violence, et déjà le fait que
ceci fut possible présuppose la perte de ce sentiment, de cette
conscience dont Montesquieu fit, sous le nom de vertu, le principe des
républiques, et qui consiste dans cette capacité de pouvoir sacrifier
l'individu pour une idée qui, pour les républicains, est réalisée dans
leur patrie.

L'image de l'État en tant que produit de l'activité du citoyen
disparut de l'âme de celui-ci, le souci, la vision globale du tout
n'occupait plus l'âme que d'un seul ou de quelques-uns ; chacun avait
sa propre place, plus ou moins délimitée et différente de celle de
l'autre ; à un nombre restreint de citoyens était confié le
gouvernement de la machine étatique, et ceux-ci ne servaient plus que
de rouages isolés qui n'ont de valeur que dans leur lien avec d'autres.
La partie du tout morcelé qui était confiée à chacun était si
insignifiante par rapport à ce tout, que l'individu n'avait pas besoin de
connaître ce rapport ou de l'avoir devant les yeux. Le grand but que
l'État proposait à ses sujets était l'utilité au sein de l'État, et le but que
les sujets se donnaient était l'acquisition et le divertissement, ou encore
la vanité. Toute activité, toutes fins se rapportaient maintenant à
l'individuel ; plus aucune activité pour un tout, pour une idée –
chacun travaillait pour soi, ou contraint, pour un autre particulier. La
liberté d'obéir à ses propres lois, de suivre ceux qu'on avait placés à la
tête, en temps de paix ou pour mener les guerres, de réaliser les plans
qu'on a décidés soi-même, cette liberté disparut, toute liberté politique
disparut, le droit du citoyen ne conférait qu'un droit à la sécurité de la
propriété, laquelle remplissait maintenant tout son monde ; la mort,
ce phénomène qui déchirait le tissu de ses buts, l'activité de toute sa vie,
devait lui apparaître maintenant comme effrayante, puisque rien ne lui
survivait ; la république, en revanche, survivait au républicain, et il
venait à la pensée de celui-ci que celle-là, que l'âme de sa république
était quelque chose d'éternel.

Mais ainsi, tandis que tous ces buts, toutes ces activités étaient
dirigés vers quelque chose d'individuel, et qu'il ne trouvait plus, pour
ces buts et activités, d'idée universelle pour laquelle il aurait pu vivre
et mourir, l'homme ne trouva plus non plus refuge auprès de ses dieux,
car eux aussi étaient des êtres individuels et imparfaits, qui ne
pouvaient satisfaire à une idée.

Les Grecs et les Romains se contentaient de dieux aussi démunis, dotés
de faiblesses humaines, car c'est dans leur propre poitrine que ces
hommes détenaient l'Éternel, l'autonomie. Ils pouvaient tolérer qu'on
se moque de leurs dieux sur scène, car à travers ces dieux ce n'était pas
le sacré qu'on pouvait tourner en dérision ; un esclave dans Plaute

pouvait dire : *Si summus Jupiter hoc fecit, ego homuncio idem non facerem,* un raisonnement que ses auditeurs devaient trouver étrange et ridicule, car ils ne connaissaient pas du tout le principe que l'homme devrait trouver dans les dieux ce qu'il doit faire ; mais par contre un Chrétien devait trouver le raisonnement exact.

Dans cette situation où la foi en quelque chose de durable et d'absolu était inexistante, avec cette habitude d'obéir à une volonté étrangère, à une législation étrangère, alors qu'il n'y avait plus de patrie ; dans un État qui ne pouvait susciter aucune joie et dont le citoyen ne sentait que l'oppression ; avec un culte religieux aux fêtes et solennités duquel ils ne pouvaient associer la gaiété, laquelle s'était envolée de leur vie ; dans une situation où l'esclave l'emportait souvent sans plus sur son maître en capacités naturelles et en culture, et ne pouvait plus voir en lui la prérogative de la liberté et de l'indépendance – dans cette situation, se présente aux hommes une religion qui, ou bien correspondait déjà aux besoins de l'époque, car elle était née dans un peuple dont la corruption était semblable à la leur, et où étaient aussi semblables l'indigence et le vide, mais autrement colorés ; ou bien une religion à partir de laquelle les hommes pouvaient façonner et s'accrocher à ce que leurs besoins réclamaient.

La raison ne pouvait pourtant pas renoncer à déceler quelque part l'absolu, l'indépendant, le pratique ; dans la volonté des hommes on ne pouvait plus les trouver. Cet absolu se montrait encore dans la divinité que la religion chrétienne présentait à la raison, en dehors de notre puissance, de notre volonté, mais non de notre supplication et de notre prière – on ne pouvait donc plus que désirer et non plus vouloir la réalisation d'une idée morale (car ce qu'on peut désirer, on ne peut l'accomplir soi-même, on l'attend passivement). C'est d'une telle révolution que donnèrent l'espoir ceux qui les premiers propagèrent la religion chrétienne; cette révolution devait venir au jour par un être divin, de sorte que les hommes s'y comportaient passivement. Et lorsque finalement cet espoir disparut, on se contenta de reporter cette révolution du tout à la fin du monde.

Dès que la réalisation d'une idée est posée au-delà des limites de la puissance humaine – et les hommes de cette époque ne se sentaient plus capables de grand chose – il importe peu de savoir jusqu'où l'objet de l'espoir s'étend dans l'incommensurable, et cet objet était donc en mesure d'accueillir en lui toute chose, non pour l'imagination, mais dans l'attente de la réalité, capacité dont l'avait orné une imagination orientale avec l'enthousiasme qui la caractérise.

De même, aussi longtemps que l'État juif trouva en lui-même le courage et la force de se maintenir indépendant, nous voyons rarement – ou même comme beaucoup le prétendent, jamais – les Juifs se réfugier dans l'attente du Messie ; mais à peine furent-ils soumis à une nation étrangère, envahis du sentiment de leur impuissance et de leur faiblesse, nous les voyons alors fouiller dans leurs livres sacrés à la recherche d'une consolation de ce genre ; lorsqu'un Messie se présenta à eux, qui ne réalisait pas leurs espoirs politiques, le peuple estima qu'il valait la peine de se soucier du maintien de son État (un peuple indifférent à ce fait cesserait bien vite d'être un peuple) ; et peu de temps après, il rejeta les espoirs messianiques paresseux, prit les armes et après avoir fait tout ce que peut le courage le plus enthousiaste, après avoir supporté la plus horrible des misères humaines, il s'ensevelit lui-même et son État sous les ruines de sa ville ; et dans l'histoire et dans l'opinion des nations, on pourrait placer ce peuple aux côtés des Carthaginois et des Sagontins, au-dessus des Grecs et des Romains, dont les villes survécurent à l'État, si le sentiment de ce qu'un peuple peut faire pour son indépendance ne nous était trop étranger, et si nous n'avions l'audace de vouloir dire à un peuple qu'il n'aurait pas dû conduire ses affaires à sa manière, mais avoir nos opinions, vivre et mourir pour celles-ci, pour l'affirmation desquelles nous ne bougeons même pas le petit doigt.

Le reste des Juifs, dispersé, n'a certes pas abandonné l'idée de son État, mais, de ce fait, ne s'est plus jamais placé sous la bannière de son propre courage, mais de nouveau sous le drapeau de l'espoir paresseux d'un Messie. Les tenants de la religion païenne ressentirent également ce manque d'idées pratiques. Un Lucien, un Longin, sentaient que ces idées devaient se trouver parmi les hommes, et la triste expérience qu'ils en firent se répandit en plaintes amères. D'autres en revanche, comme Porphyre et Jamblique, cherchèrent à doter leurs dieux d'une richesse qui n'était plus la propriété des hommes, et ils cherchèrent ensuite, par la magie, à en retenir une partie en cadeaux pour eux-mêmes. En dehors des tentatives antérieures, il restait réservé principalement à notre époque de revendiquer comme une propriété des hommes – tout du moins en théorie – les trésors qui furent gaspillés au ciel. Mais quelle époque aura la force de faire valoir ce droit et d'en prendre possession ?

Au sein de cette humanité corrompue qui, d'un point de vue moral, devait se mépriser elle-même, mais qui se louait d'être favorisée par la divinité, devait prendre naissance la doctrine de la corruption de la nature humaine et elle fut adoptée sans résistance : elle était d'une part en accord avec l'expérience, et satisfaisait d'autre part l'orgueil, car elle disculpait la faute et trouvait dans le sentiment même de la misère une raison de fierté ; elle honorait ce qui est objet de honte, elle consacrait et rendait éternelle cette incapacité en érigeant en péché même le fait de pouvoir croire en la possibilité d'une force.

Le domaine où s'exerçait la domination des dieux païens qui jusque là n'avaient opéré que dans la nature, fut, comme celui du Dieu chrétien, étendu au monde libre de l'esprit ; non seulement on céda exclusivement à Dieu le droit de légiférer, mais on attendit de lui tout élan généreux, toute intention et décision heureuse, comme son œuvre, non pas au sens où les stoïciens attribuaient tout bien à la divinité parce qu'ils pensaient que leurs âmes étaient de race divine, étaient des étincelles de la divinité, mais au contraire en ce sens : comme l'œuvre d'un être qui nous est extérieur, duquel nous ne faisons pas partie, qui est éloigné de nous et avec lequel nous n'avons rien en commun.

Ainsi, même le pouvoir de se comporter passivement à l'égard des actions divines fut encore affaibli par les manigances et les ruses incessantes d'un être malin qui faisait de constantes incursions dans le domaine de l'autre, aussi bien dans le règne de la nature que dans celui de l'esprit ; et alors que les Manichéens semblèrent accorder au principe du mal une domination indivise dans le règne de la nature, l'Église orthodoxe revendiqua contre cette doctrine qui déshonorait la majesté de Dieu, la domination de celui-ci sur la plus grande partie de la nature ; mais en compensation de cette perte, elle concéda au principe malin un certain pouvoir dans le règne de la liberté.

D'un cœur sincère et avec un zèle bien intentionné, l'humanité affaiblie se réfugia vers l'autel où elle trouva et adora l'indépendance et la moralité. Mais quand le Christianisme pénétra les classes supérieures et plus corrompues, quand des fortes distinctions entre supérieurs et inférieurs naquirent en son sein, et que le despotisme empoisonna de plus en plus toutes les sources de la vie et de l'être, l'époque révéla toute son insignifiance par l'orientation que prirent ses conceptions de la divinité de Dieu et les querelles qui naquirent à ce sujet ; et son dénuement fut d'autant plus manifeste qu'elle l'entoura d'un nimbe de sainteté et l'exalta comme le plus grand honneur de l'humanité.

De cet idéal de perfection – de ce seul lieu où se maintenait le sacré –, même la moralité disparut, ou du moins tomba dans l'oubli. Au lieu de la moralité, de la véritable divinité dont la vue eût renvoyé des rayons qui réchauffent le cœur, le miroir ne montrait rien de plus que l'image de son époque : l'image d'une nature soumise à un but que l'orgueil et la passion des hommes lui prêtaient arbitrairement – je parle de la nature car nous voyons que tout l'intérêt du savoir et de la foi était tourné vers le côté métaphysique ou transcendental de l'idée de Dieu. Nous voyons [l'humanité] [8] moins préoccupée de concepts dynamiques de l'entendement – concepts que la raison théorique est capable de déployer à l'infini – que par la tâche suivante : appliquer à son objet infini des concepts numériques, des concepts de la réflexion, comme différence, etc..., voire de simples représentations empiriques, comme naître, créer, engendrer, et déduire les propriétés de cet objet infini à partir de ce qui se produit dans la nature de celui-ci. Ces déterminations et subtilités ne restèrent pas enfermées comme d'habitude dans les salles d'étude des théologiens, leur public fut la Chrétienté tout entière ; toutes les classes, tous les âges, les deux sexes y prirent un intérêt semblable, et les différences d'opinions excitèrent la haine la plus mortelle, provoquèrent les persécutions les plus sanguinaires et entraînèrent souvent le total délabrement de tous les liens moraux et des relations les plus sacrées. Une telle perversion de la nature ne pouvait que se venger de la manière la plus terrible.

En ce qui concerne le but qu'ils donnèrent à cette nature infinie, il était très éloigné d'une finalité morale du monde ; il était non seulement limité à la propagation de la religion chrétienne, mais aussi à des buts que se posaient une communauté isolée, des hommes isolés, particulièrement des prêtres, que suggéraient la vanité, l'orgueil, l'ambition, l'envie, la haine et d'autres passions. Cependant le temps n'était pas encore venu pour les théories attrayantes de la providence et de la consolation, qui de nos jours constituent la clef de voûte de notre doctrine du bonheur. La situation des Chrétiens était en grande partie bien trop malheureuse pour qu'ils eussent attendu beaucoup de bonheur sur terre ; le concept universel d'une Église était trop profondément enfoui dans les âmes pour qu'un individu eût tellement espéré ou exigé pour lui-même. Mais les exigences qu'on posait étaient d'autant plus fortes dès qu'on reliait son intérêt à celui de l'Église. Ils dédaignaient les joies mondaines et les biens terrestres dont ils devaient se priver, et ils trouvaient pleine compensation dans le ciel. A la place d'une patrie, d'un État libre, s'était substituée l'idée d'une Église ; la différence consistait en ceci : outre le fait qu'il ne pouvait y avoir de place pour la liberté dans l'Église, l'État se trouvait accompli sur terre, alors que l'Église, au contraire, était intimement liée au ciel, lequel était si proche du système des sentiments Chrétiens, que la renonciation à toutes les joies et à tous les biens pouvait sembler n'être pas un sacrifice, et que la mort des martyrs ne devait paraître extraordinaire qu'à ces spectateurs qui ignoraient le sentiment de la proximité du ciel.

---

[8] Selon l'édition Suhrkamp *(Fr. Schr.)* : la Chrétienté.

Ainsi le despotisme des princes romains avait-il chassé de la terre l'esprit de l'homme ; à celui-ci fut dérobée sa liberté, ce qui le força à mettre sous la protection de la divinité ce qui lui était éternel et absolu ; la misère que le despotisme répandit, avait forcé l'homme à chercher dans le ciel et à en attendre le bonheur. L'objectivité de la divinité fit son entrée en même temps que la dépravation et l'esclavage de l'homme, et elle ne consiste au fond qu'en une révélation, une apparition de cet esprit de l'époque. C'est ainsi que cet esprit se révéla à travers cette objectivation de Dieu, quand les hommes commencèrent à connaître une quantité étonnante de choses à propos de Dieu, quand tant de secrets de sa nature furent proclamés, non comme des secrets qui se propagent de bouche à oreille, entre voisins, mais de par le monde entier en une foule de formules, que les enfants connurent par cœur ; l'esprit de l'époque se révéla dans l'objectivité de Dieu quand celui-ci fut posé non plus aux dimensions de l'infini, mais dans un monde qui nous est étranger, auquel nous ne participons pas du tout, où nous ne pouvons nous établir par notre action, mais duquel nous pouvons tout au plus nous approcher en mendiant, ou en usant de magie, quand l'homme lui-même fut un non-moi, et sa divinité un autre non-moi.

L'esprit se révéla de la manière la plus claire dans la foule des miracles qu'il produisit et qui remplacèrent la raison propre dès qu'il s'agit de prendre une décision, de se faire une conviction ; mais il se révéla de la manière plus inouïe quand, pour ce Dieu, les hommes combattirent, tuèrent, calomnièrent, brûlèrent, volèrent, mentirent et trompèrent. Dans une telle période, la divinité devait avoir complètement cessé d'être quelque chose de subjectif, et s'être complètement transformée en un objet ; et la théorie justifie en toute facilité et en toute conséquence cette distorsion des maximes morales.

Les Chrétiens savent par la révélation de Dieu lui-même que celui-ci est le Seigneur suprême du Ciel, de toute la terre, du monde physique et de la nature vivante, ainsi que du monde de l'esprit.

Refuser de vénérer ce Roi de la manière dont il l'ordonna lui-même, voilà qui est nécessairement une ingratitude et un crime. Tel est le système de toutes les Églises et elles ne suivent des maximes différentes que sur les questions de savoir qui doit juger et punir ce crime. L'une exerce elle-même cette fonction judiciaire ; une autre condamne selon son système, mais ne bouge pas le moindre petit doigt pour que la sentence soit déjà exécutée en notre monde, convaincue qu'elle est que la divinité elle-même s'en chargera : le zèle avec lequel on collabore avec elle par la doctrine ou d'autres petits moyens de séduction, ou par l'oppression qui ne s'arrête que devant la mort, semble peu à peu se refroidir, et un sentiment de compassion semble se substituer à la haine, un sentiment d'impuissance qui est préférable à celle-ci même s'il se fonde sur l'auto-persuasion vaniteuse d'être en possession de la vérité.

L'homme libre pouvait tout aussi peu éprouver ce zèle que cette compassion ; car en tant qu'homme libre vivant parmi les hommes libres, il ne concéderait à personne le droit de vouloir le rendre meilleur, de le changer ou de se mêler de ses maximes, il ne prétendrait pas non plus contester aux autres le droit d'être tels qu'ils sont et tels qu'ils veulent être, bons ou mauvais.

Piété et péché sont deux concepts qui, entendus en ce sens, étaient ignorés des Grecs. Le premier désigne pour nous une disposition à agir par respect pour Dieu en tant que législateur, et le second désigne un acte qui trangresse les commandements pour autant qu'ils soient divins ; ἅγιον, ἀνάγιον, *pietas* et *impietas,* expriment les sentiments sacrés de l'humanité et les dispositions aux actions qui s'accordent à ces sentiments ou s'y opposent ; les Grecs et les Romains leur donnèrent aussi le nom de commandements divins, mais non au sens positif ; et si la question s'était posée à l'un d'entre eux, « comment prétendez-vous prouver l'origine divine d'un commandement ou d'un interdit ? » il n'aurait pu avoir recours à un fait historique acquis, mais uniquement au sentiment de son cœur et à l'accord de tous les honnêtes gens.

Lorsqu'un peuple se trouve dans une situation où, par suite de l'extirpation de toute liberté politique, tout intérêt pour un État a disparu – car nous ne pouvons prendre intérêt qu'à celà même pour quoi nous agissons ; dans une situation où le but de la vie se limite à la seule acquisition du pain quotidien avec plus ou moins de facilité ou d'abondance, et où tout intérêt pour l'État se limite à l'espoir que soient garantis la conservation personnelle et ce pain quotidien ; dans une telle situation où donc le but de la vie est tout à fait égoïste, il doit aussi y avoir parmi les traits que nous percevons dans l'esprit de l'époque un refus des obligations militaires ; car celles-ci sont en effet le contraire du désir général d'une jouissance paisible, uniforme, car elles entraînent des inconvénients et même la perte de la possibilité d'encore jouir de quelque chose : la mort ; ou encore, celui qui saisit cet ultime expédient de se conserver et de satisfaire ses désirs, que lui laissent l'indolence, la dépravation ou l'ennui, ne pourra se comporter que lâchement face à l'ennemi.

Dans cette situation de domination, d'inactivité politique, nous voyons chez les Romains une foule d'hommes qui se soustrayèrent au service militaire par la fuite, la corruption ou la mutilation de leurs membres, et pour un peuple vivant dans cette atmosphère, devait paraître bienvenue une religion qui voyait l'honneur et la plus haute vertu dans ce qui, sous le nom d'obéissance passive, appartenait à l'esprit dominant de l'époque : l'impuissance morale, le déshonneur d'être foulé aux pieds ; opération par laquelle les hommes voyaient avec un joyeux étonnement le mépris des autres et le sentiment de leur propre déchéance se transformer en gloire et en orgueil ; une religion qui leur prêchait que verser du sang humain, c'est commettre un péché.

Ainsi alors qu'une horde de barbares s'approchait de leur ville, nous voyons Saint Ambroise ou Antoine, avec son innombrable peuple, non pas se hâter vers les remparts pour procéder à la défense, mais supplier dans les églises et s'agenouiller dans les rues pour que Dieu écarte les malheurs à craindre. Et pourquoi aussi auraient-ils dû vouloir mourir au combat ?

La conservation de la ville ne pouvait importer à chacun que dans le but de conserver sa propriété et la jouissance de cette dernière ; si l'on s'était exposé au danger de mourir en combattant, c'eût été une action bien ridicule, car le moyen, la mort, aurait bientôt supprimé le but : la conservation et la jouissance ; le sentiment d'affirmer par la mort, dans la défense des propriétés, non pas tant les propriétés elles-mêmes que le droit (car celui qui meurt en défendant un droit affirme son droit) – ce sentiment était étranger à un peuple soumis à une domination et qui se contentait de recevoir sa propriété de la Grâce.

Aux besoins d'une religion objective donnée est étroitement liée la possibilité de la foi en des miracles. Un événement dont la condition ne doit avoir été qu'une seule fois sa condition, une perception dont on fait le récit et dont on ne peut absolument pas faire l'expérience, un tel événement est tout simplement impensable pour l'entendement, qui est ici le seul juge devant le tribunal duquel tombe le jugement ; il ne peut manquer de penser que les conditions de cet événement sont complètes, même si le récit lui-même n'indique absolument aucune donnée de ce genre, et il doit donc se garder de penser certaines conditions déterminées ; s'il s'aperçoit qu'une condition qu'il imagine n'eut pas lieu, il en cherche alors d'autres, et si l'invraisemblance de toutes les conditions auxquelles peut penser l'esprit pénétrant lui devient évidente, il n'abandonne pourtant pas son exigence : même si cette condition-ci ou une autre n'eut pas lieu, il doit pourtant y avoir des conditions complètes. Croit-on satisfaire maintenant sa recherche stérile en lui proposant comme explication un être supérieur qui serait cause, alors il se tait, muet, car on s'est détourné de lui : ceci ne s'adressait pas à l'entendement – mais au contraire l'imagination est ainsi aisément satisfaite, et on s'est maintenant placé dans son champ ; l'entendement laisse faire, il en sourit même, mais ne manifeste aucun intérêt à reprendre à l'imagination son jouet, puisqu'il n'est lui-même arrivé à rien ; il va même jusqu'à lui abandonner et lui prêter son concept universel de cause pour qu'elle en fasse usage, mais ce n'est pas lui qui peut arriver à quelque chose en l'appliquant.

Mais cela ne suffit cependant pas à celui qui raconte le miracle ; il s'émeut et crie à l'impiété, au blasphème, à l'escroquerie ; l'incroyant reste impassible, il ne voit aucun lien entre l'immoralité, l'irréligion et l'affirmation des droits de son entendement. La scène se transforme à présent : on se tourne vers la raison, on lui présente les grands buts moraux qui sont liés à ces miracles, l'amélioration et le bonheur de l'espèce humaine, on s'adresse au sentiment d'impuissance de la raison, on échauffe habilement l'imagination, et la raison impuissante, qui ne peut rien opposer à sa frayeur, à cette hégémonie, accepte dans sa crainte, les lois qui lui sont données, et fait taire les objections de l'entendement.

C'est dans cette situation de l'âme que se trouve ou tombe la foi en des miracles. Il est vain de disputer des miracles sur le sol de l'entendement : le résultat a toujours montré qu'on n'était arrivé à rien de cette manière ; l'intérêt de la raison a toujours décidé pour ou contre. Si *elle* a besoin d'une législation extérieure, si elle éprouve la crainte vis-à-vis d'un monde objectif...

TRADUCTIONS FRANCAISES
DES ÉCRITS
DU JEUNE HEGEL
(Périodes de Stuttgart, Tübingen et Berne)

« Quelques traits caractéristiques des poètes anciens » (1788),
in Jacques TAMINIAUX, *La nostalgie de la Grèce à l'aube de l'idéalisme allemand*, Nijhoff, La Haye, 1967, pp. 267-269.

Le « Fragment de Tübingen » (1792-1793)
in Robert LEGROS, *Le jeune Hegel et la naissance de la pensée romantique*, Ousia, Bruxelles, 1980, pp. 260-308.

Vie de Jésus (1795)
Traduction et introduction par D. D. ROSCA, 1928 ; Éditions d'Aujourd'hui, Paris, 1976.

Positivité de la religion chrétienne, (1795-1796)
Introduction par Guy PLANTY-BONJOUR, P.U.F., 1983.

Journal d'un voyage dans les Alpes bernoises (1796)
Traduction et notes par Robert LEGROS et Fabienne VERSTRAETEN, Éditions Jérôme Millon, 1988. (Édition accompagnée de cartes géographiques et d'illustrations).

TABLE DES MATIÈRES

Imprimerie de la Manutention à Mayenne — 10 novembre 1987 — N°133-87